TRAITÉ

THÉORIQUE ET PRATIQUE

DES SAVONS MOUS

BRUNS, VERTS ET BLANCS

SUIVI

D'UN APERÇU SUR LES CRISTAUX DE SOUDE,
LES SOUDES CAUSTIQUES,
LES EAUX DE JAVELLE ET LES CHLORURES DE CHAUX,

PAR

OCTAVE LOSANGE,

Savonnier-Chimiste.

Ce n'est pas tant par la forme que
j'ai donnée à cet ouvrage qu'on en doit
mesurer le prix, que par son utilité et
par sa matière.   (LA FONTAINE.)

BRUXELLES,

ALLIANCE TYPOGRAPHIQUE, M.-J. POOT ET COMP.,
rue aux Choux, 37.

1867

TRAITÉ

THÉORIQUE ET PRATIQUE

DES SAVONS MOUS.

TRAITÉ

THÉORIQUE ET PRATIQUE

DES SAVONS MOUS

BRUNS, VERTS ET BLANCS

SUIVI

D'UN APERÇU SUR LES CRISTAUX DE SOUDE,
LES SOUDES CAUSTIQUES,
LES EAUX DE JAVELLE ET LES CHLORURES DE CHAUX,

PAR

OCTAVE LOSANGE,

Savonnier-Chimiste.

> Ce n'est pas tant par la forme que
> j'ai donnée à cet ouvrage qu'on en doit
> mesurer le prix, que par son utilité et
> par sa matière. (LA FONTAINE.)

BRUXELLES,

ALLIANCE TYPOGRAPHIQUE, M.-J. POOT ET COMP.,
rue aux Choux, 37.

1867

PREFACE.

Plusieurs traités sur l'art de fabriquer les savons ont été publiés à diverses époques, mais tous ont eu pour but les savons durs et n'ont dit que peu ou point de choses des savons mous, toujours considérés comme très-accessoires. Cette dernière fabrication ayant pris une grande extension en Allemagne, en Angleterre, en Belgique, en France et en Hollande, et plusieurs fabriques de savons ne faisant que les savons mous, je crois rendre service à cette importante industrie en publiant le résumé consciencieux de plusieurs années d'expérience et de travail.

J'ai consulté et mis à profit les traités les plus importants qui ont paru sur les savons et je me plais à reconnaître que les travaux de M. Eugène Lormé, chimiste français, et de M. Kurde, savonnier allemand, m'ont fourni quelques bons matériaux. En comblant une lacune j'éviterai bien des déboires à ceux qui embrasseront la carrière du savonnier; car la savonnerie, qui demande beaucoup de prudence, ne peut être productive que lorsqu'elle ne doit jamais rien au hasard. Si la pratique seule peut suffire pour faire du bon savon, il n'en est pas moins vrai qu'une théorie éclairée est nécessaire pour la maintenir constamment au niveau des progrès de la science. J'ai partagé mon travail en quatre parties; chacune d'elles peut être considérée comme un ouvrage spécial; néanmoins, leur connaissance est indispensable à tout savonnier qui veut être profond industriel.

La première partie comprend la description d'une savonnerie et sa construction d'après les principes de physique et de mécanique.

La deuxième partie contient les alcalis employés, la manière de s'en servir, de reconnaître leurs richesses et de remédier à leurs défauts.

La troisième traite des huiles, graisses, résines, suifs employés en savonnerie et de tout ce qui s'y rapporte.

La quatrième donne les diverses méthodes de fabriquer les savons mous et tout ce qui peut se présenter dans cette fabrication.

Plusieurs chapitres sont entièrement inédits et tous sont présentés avec le plus de simplicité possible.

Quelques savonniers s'occupant en même temps des cristaux de soude, des soudes caustiques, des eaux de javelle et des chlorures de chaux, j'ai terminé par un aperçu de ces fabrications.

Je n'ai rien négligé pour tâcher de rendre cet ouvrage digne du suffrage des savonniers. Je me suis efforcé de faciliter l'étude d'un art aussi scientifique que pratique. Ai-je accompli ma tâche avec assez de bonheur? Je n'oserais le dire ; mais si ce traité est accueilli avec quelque faveur ce sera ma plus douce récompense.

L'AUTEUR.

TABLE DES MATIÈRES.

CHAPITRE IV.

CHAPITRE V.

DEUXIÈME PARTIE.

CHAPITRE Iᵉʳ.

CHAPITRE V.

TROISIÈME PARTIE.

CHAPITRE Iᵉʳ.

CHAPITRE II.

QUATRIÈME PARTIE.

CHAPITRE Ier.

CHAPITRE II.

CHAPITRE III.

CHAPITRE IV.

CHAPITRE V.

APPENDICE.

CHAPITRE Ier.

CHAPITRE II.

CHAPITRE III.

CHAPITRE IV.

CHAPITRE V.

DESCRIPTION D'UNE SAVONNERIE.

Une fabrique de savons mous peut être établie dans un simple hangar ; il suffit qu'on puisse y construire deux ou trois fourneaux, qu'on ait de la place pour y placer quatre ou cinq réservoirs, pour les lessives et les lavages, un coin pour les résidus et une partie réservée pouvant contenir quelques mises ou cuves en bois, aptes à recevoir le savon qu'on n'embarille ou n'entonne pas tout de suite ; ainsi que quelques matières premières en réserve.

Dans ce cas, les chaudières à savon se vident, ordinairement, au moyen d'une pompe que l'on place contre les parois de la chaudière, de manière que l'extrémité inférieure arrive à vingt centimètres du fond, ou bien on recouvre la chaudière d'un couvercle ou plancher mobile percé d'un trou pour la pompe qui verse le savon dans une rigole en fer ou en bois qui aboutit aux mises.

Il est préférable d'avoir sous la fabrique une cave spacieuse servant de magasin aux savons, aux provisions, aux barriques, etc.

Les chaudières à savons peuvent alors se vider directement par un grand robinet placé aussi à vingt centimètres du fond, et le savon est mieux à l'abri des changements de températures.

Il existe alors entre la fabrique et la cave, outre l'escalier qui conduit aux fourneaux, une ou deux grandes ouvertures ou trappes, qui permettent, au moyen d'un treuil et d'une poulie, d'amener à la surface du sol, le savon pesé qui doit être expédié.

En général, les locaux des fabriques ont la forme d'un parallèlogramme plus ou moins grand, suivant l'importance de la fabrique. On les divise ordinairement en trois parties. Le compartiment du milieu sert aux chaudières et aux réservoirs à lessive. La partie gauche contient les bacs aux lavages des résidus, et la partie droite renferme les cuves en bois à savon et le savon entonné.

Lorsqu'il n'y a pas de cave, il y a quelquefois un soubassement de $2^m,50$ à $3^m,00$ au-dessous du sol, qui forme une ou plusieurs galeries, dans l'une desquelles se trouvent les fourneaux.

La coupe AB donne le plan d'une savonnerie avec cave ou soubassement. (*Fig.* 1).

USTENSILES NÉCESSAIRES.

Il faut, au moins, après une chaudière à savon et une à lessive, quatre ou cinq réservoirs quadrangulaires en tôle de deux à trois mille litres, quelques seaux de vingt à vingt-cinq litres pour porter les lessives et quelques poêlons pour les puiser. Il faut une dizaine de mises ou cuves en bois pour les savons et une bascule ou balance avec poids pour les peser. La chaudière à savon doit être surmontée d'un moulin en fer ou en bois servant à modérer l'effervescence du savon, lorsqu'il veut monter hors de la chaudière, et être munie, ainsi que les autres chaudières, de râbles en fer pour remuer le savon ou les lessives. Une échelle en fer et à crochets est nécessaire pour la nettoyer ou enlever ce qui reste sur le fond.

Les fourneaux doivent être munis de tisonniers, de pelles à charbon, et de longs rateaux pouvant servir à retirer le feu. Un bélier en fer est indispensable pour soulever les fardeaux, ainsi qu'une corde de travail, et quelques ustensiles de tonnelier, pour ouvrir, fermer et réparer les barriques. Un siphon pour transvaser les lessives est enfin un tamis en fer pour les résines et les mélanges.

Le savonnier doit avoir, en outre, un endroit séparé servant de laboratoire et renfermant :

1° Une chaudière de cinq hectolitres ;

2° Une spatule à long manche pour prendre du savon ;

3° Un aéromètre Baumé ;

4° Un alcalimètre Gay-Lussac ;

5° Un oléomètre Lefebvre ;

6° Un thermomètre sans bois ;

7° Un mortier pour pulvériser ;

8° Une petite balance avec poids ;

9° Un flacon d'alcool à 92° ;

10° Un flacon noir d'acide sulfurique ;

11° Un flacon noir d'acide muriatique (hydrochlorique) ;

12° Un flacon noir d'acide nitrique ;

13° Un flacon noir d'acide hyperchlorique ;

14° Un flacon d'ammoniaque ;

15° Un flacon de potasse à l'alcool ;

16° Un petit flacon d'iode ;

17° Un petit flacon d'éther ;

18° Un petit flacon de tournesol ;

19° Un flacon de bichlorure d'étain ;

20° Un flacon d'acide phosphorique ;

21° Un cruchon d'eau de javelle.

1*

DE LA RÉSISTANCE DES CORDES.

Nous avons dit, dans les ustensiles nécessaires, qu'il fallait une corde de travail ; voyons comment nous devons la choisir.

La résistance des cordes à un effort de traction dépend de leur nature et de la manière dont elles ont été fabriquées. Les meilleures sont celles qui n'ont pas été tordues trop fortement. Pénétrées d'une grande quantité d'eau, elles ont une résistance moindre de 1/3 qu'à l'état sec. Une corde non goudronnée surpasse de 1/4 la force d'une corde goudronnée.

Les grosses cordes, formées de plusieurs torons, ont à l'intérieur une mèche qui n'augmente point leur résistance. Pour ces cordes on ne doit pas considérer le diamètre total, mais bien les diamètres partiels des divers torons qui les composent. D'après Eytelwein, une bonne corde de chanvre de 1 pouce carré de section fut rompue par une charge de 10,800 livres. Emerson indique 19,000 livres, et, d'après des expériences faites en Angleterre, de forts câbles céderaient sous une charge supérieure à 5,400 livres. Il résulte d'expériences faites en France, que la résistance des cordes ordinaires par centimètre carré de section est de 146 kilogrammes ; que celle des cordes de Rochefort s'élève à 367 kilogrammes, et que l'on peut prendre pour moyenne générale une résistance égale à 200 kilogrammes par centimètre carré. Le peu d'accord qu'il y a entre ces indications et le grand nombre de circonstances qui peuvent diminuer la résistance des cordes, ne permettent pas d'attendre beaucoup d'exactitude des calculs sur cette résistance, et pour être certain de ne pas compter sur une résistance trop grande, il convient d'admettre seulement le 1/3 ou au plus la moitié du poids qui représente le maximum de résistance.

TABLEAU

de la résistance moyenne des cordes à un effort de traction.

Les cordes ont 10′ de longueur et divers diamètres.

DIAMÈTRE EN LIGNE.	POIDS DE LA CORDE y compris la mèche.	RÉSISTANCE MOYENNE EN LIVRES.
2‴	0.10 livre.	58 livres.
3	0.22	100
4	0.40	180
5	0.63	276
6	0.90	416
7	1.22	540
8	1.60	700
9	2.02	892
10	2.52	1112
11	3.03	1332
12	3.60	1588
13	4.83	1868
14	4.93	2160
15	5.62	2480
16	6.40	2820
17	7.20	3184
18	8.14	3312
19	9.05	3976
20	10.00	4408
21	11.07	4860
22	11.90	5340
23	13.35	5838
24	14.40	6348
25	15.62	6888
26	16.90	7448
27	18.22	8036
28	19.60	8640
29	21.02	9268
30	22.50	9920
31	24.02	10592
32	25.60	11284
33	27.22	12034
34	28.20	12740
35	30.62	13060
36	32.40	14280

Le signe ' veut dire pied, " pouce et
''' ligne.

Cette table a été calculée pour une résistance d'environ 200 kilogrammes par centimètre carré.

—

TABLEAU

de la résistance moyenne des torons de 10' de longueur.

DIAMÈTRE.	POIDS DE LA CORDE.	RÉSISTANCE.
3''	0,19 livres.	135 livres.
4 2/7	0,599	275
6	1,171	540
7 5/7	1,933	893
9	2,629	1215
10 2/7	3,433	1587
12	4,655	2160
13 5/7	6,080	2821
15	7,270	3373

D'après ces tableaux on peut admettre
que la résistance des cordes est proportionnelle à leur section ou au carré de leur
diamètre.

En comparant le poids des cordes avec

leur résistance, on trouve qu'une corde d'un diamètre quelconque et d'une longueur d'environ 4,500 pieds ou 1,500 mètres, est rompue par son propre poids.

Si l'on désigne par L la longueur de la corde en mètres ou la hauteur à laquelle il s'agit d'élever, au moyen de la corde, une charge P exprimée en kilogrammes ; si l'on désigne en outre par d le diamètre inconnu de la corde, et que l'on prenne le poids d'un centimètre cube de la corde égal à $917^k,36$, on aura :

$$d = \sqrt{\frac{1388\ P}{1500-L}}$$

En exprimant d en lignes de Paris, L en pieds de Paris et P en livres, on trouve :

$$d = \sqrt{\frac{411\ P}{4500-L}}$$

Un pied français = 12 pouces = $0^m,325$
Un pouce   = 12 lignes = $0^m,027$
Une ligne   = 12 points = $0^m,002$

—

Une livre française = 16 onces = $0^k,468$
Une once   = 4 satins = $0^k,293$
Un satin   = 4 quarts de satin.

Une charge de 2,000 livres doit être élevée à une hauteur de 900′.

Quel devra être le diamètre de la corde employée, pour cet usage ?

Comme, dans la pratique, il faut compter sur une charge double de celle qu'il s'agit d'élever réellement, la formule ci-dessus donnera :

$$d = \sqrt{\frac{411.4000}{4500-900}} = \sqrt{\frac{4110}{9}} = 21''' \text{ environ.}$$

Ce qui s'accorde assez bien avec la table.

CHOIX D'UN EMPLACEMENT ET SON IMPORTANCE.

Une savonnerie doit être établie autant que possible dans un endroit ou existe une eau pure et abondante, car sa nécessité pour la préparation des lessives, le nettoyage des ustensiles, les soins de propreté en exigent beaucoup

Il faut que les approvisionnements soient faciles et puissent se faire à peu de frais, et la localité où l'on se trouve doit consommer en partie les produits que l'on veut fabriquer.

La fabrication des savons mous est en général productive, lorsqu'on apporte de l'économie dans les frais d'établissement, de fabrication, de main-d'œuvre et d'administration. Trois à cinq ouvriers peuvent suffire pour faire toute la besogne d'une savonnerie.

CHAUFFAGE PAR LE FEU ET PAR LA VAPEUR.

Dans le chauffage par le feu des chaudières à savon, les fourneaux sont construits de manière à ne chauffer que le fond des chaudières, de crainte de brûler le savon, ce qui arriverait souvent si le feu serpentait tout autour des parois de la chaudière. Cette construction fait donc perdre une grande quantité de la chaleur produite par le combustible; néanmoins l'expérience a démontré qu'on ne pourrait remédier à ce défaut sans de sérieux inconvénients. Pour tirer du foyer le plus de calorique possible, on construit l'intérieur en briques réfractaires, de manière qu'il puisse renvoyer,

par rayonnement, sous le fond de la chaudière, une grande partie de la chaleur. On
place la grille au centre du foyer perpendi-
culairement sous la chaudière. On a soin
que les carneaux ou ouvertures par les-
quelles le feu passe du foyer dans la cheminée, aient la même surface que celle-ci.
Enfin on emploie pour le chauffage la
houille qui donne le plus de chaleur avec le
moins de flamme possible. Il est donc
essentiel, comme nous le verrons plus loin,
de construire les fourneaux avec le plus
grand soin et de ne les employer qu'après
qu'ils sont parfaitement secs.

Le chauffage à la vapeur, dont les avantages sont incontestables, existe dans plusieurs savonneries de Paris et dans quelques
autres, mais ce mode de chauffage l'empor-
tera tôt ou tard dans toutes les fabriques
de savons d'une certaine importance. On
ne peut, comme pour échauffer un liquide,
dégager directement la vapeur dans le
savon, car elle aurait l'inconvénient d'affai-

blir le degré des lessives et de rendre le savon trop long ; aussi fait-on circuler la vapeur dans une chaudière à double enveloppe ou dans un serpentin plat, en forte tôle, placé à une dizaine de centimètres du fond de la chaudière. Le premier mode à le désavantage de chauffer plus les parois que le fond de la chaudière, de manière que l'ébullition est toujours plus forte sur les côtés qu'au milieu.

La seconde méthode qui donne une ébullition parfaite sur tous les points est généralement employée.

Les principaux avantages de l'emploi de la vapeur sont :

1° Il ne faut pas plus de 3/4 d'heures pour porter à l'ébullition une chaudière de 5,000 kilogrammes de savon qui par le feu nu aurait besoin de plus de trois heures ;

2° Avec un seul générateur et, par suite avec le même foyer, on peut chauffer plusieurs chaudières à la fois ;

3° On fait une économie en charbon, en

temps en main-d'œuvre et on ne peut jamais brûler le savon.

Il est démontré que l'emploi de la vapeur surchauffée présente des avantages encore plus considérables, pour l'économie du temps et du combustible.

Description du plan général d'une chaudière à savon chauffée par la vapeur. (Fig. 2).

A. Générateur en fer battu pour la production de la vapeur.

B. Foyer muni d'une grille en fonte sur laquelle on brûle le combustible qui doit porter l'eau du générateur à l'ébullition.

C. Cheminée pour le dégagement des produits de la combustion.

D. Dôme par lequel la vapeur se rend au moyen du tuyau FF dans les serpentins plats placés à quelques centimètres du fond des chaudières à savon. Ce dôme est nécessaire pour que l'eau en ébullition ne pénètre pas dans le tube FF, et par suite dans les serpentins, ce qui pourrait arriver si ce tube partait directement du générateur.

EE. Chaudières pour la cuite du savon. Au fond de ces chaudières se trouve un serpentin plat horizontal dans lequel la vapeur circule continuellement pendant la cuite du savon. Chaque serpentin G est muni d'un tuyau de décharge H qui traverse le fond des chaudières pour l'écoulement de l'eau provenant de la condensation de la vapeur. Ces tuyaux sont munis d'un robinet que l'on ouvre ou que l'on ferme à volonté pendant la cuite du savon.

MM. Massif de briques et ciment.

CHAPITRE II

—

Les chaudières sont de grandes cuves en fer qui s'évasent graduellement par le haut en forme d'entonnoir.

Elles sont généralement construites en fer battu et ont des capacités qui varient entre 10 et 150 hectolitres.

Elles doivent être en tôle douce de cinq millimètres d'épaisseur et avoir le fond concave de dix millimètres d'épaisseur.

Leur forme doit être un tronc de cône très-évasé. La capacité doit être calculée de manière qu'on ait 3 hectolitres 3/4 pour 100 kilogrammes de matières grasses, cela revient à avoir 1/3 de disponible lorsque la cuve de savon pur est achevée. On travaille alors facilement et on a assez

2*

de place pour ajouter les mélanges au brassin.

CHOIX LE PLUS AVANTAGEUX.

Toutes choses égales, nous dirons que les plus grandes sont les meilleures, parce qu'elles donnent une plus grande économie de main-d'œuvre, de combustible et de lessives que les petites.

PRIX ORDINAIRE DE REVIENT ET DURÉE DE LEUR EMPLOI.

La valeur d'une chaudière s'estimant au poids et le prix de la tôle variant entre 50 et 60 centimes le kilogramme, une chaudière moyenne de 70 hectolitres qui pèse ordinairement un milier de kilos coûtera de 500 à 600 fr. et pourra servir, bien nettoyée à temps, au moins cinq à six ans sans réparations.

Les chaudières d'occasion se vendant de 15 à 30 centimes le kil., on peut quelquefois monter une fabrique à peu de frais.

Les chaudières étant cylindriques ou coniques, on obtient leur volume ou capacité par l'une des formules :

$$V = H \times \pi R^2 \text{ cylindrique.}$$

$$V = \frac{H}{3} \times \pi (R^2 + r^2 + Rr) \text{ conique.}$$

Dans ces formules H représente la hauteur ou la profondeur de la chaudière et R et r les rayons de l'ouverture et de la base.

Le signe π est toujours $= \frac{22}{7}$.

Etant donnés les rayons R et r que doit avoir une chaudière d'une capacité donnée, trouver la hauteur H, ou étant donnés R, r et H trouver la capacité.

Ce sont ces deux problèmes que l'on a habituellement à résoudre.

Voici les dimensions que l'on donne le plus souvent aux différentes chaudières :

$$40 \text{ hectolitres} \begin{cases} 2R = 2^m,40 \\ 2r = 1^m,35 \\ H = 1^m,42 \end{cases}$$

$$50 \text{ hectolitres} \begin{cases} 2R = 2^m,50 \\ 2r = 1^m,40 \\ H = 1^m,62 \end{cases}$$

$$60 \text{ hectolitres} \begin{cases} 2R = 2^m,75 \\ 2r = 1^m,45 \\ H = 1^m,68 \end{cases}$$

$$70 \text{ hectolitres} \begin{cases} 2R = 3^m,00 \\ 2r = 1^m,50 \\ H = 1^m,70 \end{cases}$$

$$100 \text{ hectolitres} \begin{cases} 2R = 3^m,50 \\ 2r = 1^m,65 \\ H = 2^m,00 \end{cases}$$

Les poids des corps étant égaux aux volumes multipliés par les densités, nous avons la formule générale :

$$P = V \times d$$

et comme la densité de la tôle est 7,788 il en résulte que nous avons la valeur de d.

Faisant l'application à la chaudière de 70 hectolitres, nous trouvons 1,028 kilogrammes pour son poids.

$$P = V \times d = (V^{ext.} - V^{int.}) \times d = (7132 - 7000) \times 7,788 = 1028^k.$$

Les poids ainsi donnés ne sont qu'approximatifs, car la pratique pour différentes causes s'en éloigne toujours un peu.

Lorsqu'on veut faire emploi de la vapeur, il est essentiel d'être bien guidé dans le choix de la machine.

Ainsi, dans les établissements où le combustible n'est pas cher, on préfère les machines à basse pression. Quand le combustible est cher et qu'on peut maintenir les machines en bon état d'entretien, on emploie les machines à détente et à condensation, surtout celles de nouvelle construction à un cylindre.

Nous donnons à la page ci-après la table des épaisseurs que doivent avoir les chaudières en tôle des machines à vapeur, d'après la loi française du 25 mai 1828 :

TABLEAU DES ÉPAISSEURS.

DIAMÈTRES DES CHAUDIÈRES.	POUR UNE PRESSION DE						
	2 atm.	3 atm.	4 atm.	5 atm.	6 atm.	7 atm.	8 atm.
centimèt.	mill.	mill.	mill.	mill.	mill.	mill.	mill.
50	3.90	4.80	5.70	6.60	7.50	8.40	9.30
55	3.99	4.98	5.97	6.96	7.95	8.94	9.93
60	4.08	5.16	6.24	7.32	8.40	9.48	10.56
65	4.17	5.34	6.51	7.68	8.85	10.02	11.19
70	4.26	5.52	6.78	8.04	9.30	10.56	11.82
75	4.35	5.70	7.05	8.40	9.75	11.10	12.45
80	4.44	5.88	7.32	8.76	10.20	11.64	13.08
85	4.53	6.06	7.59	9.12	10.65	12.18	13.71
90	4.62	6.24	7.86	9.48	11.10	12.72	14.34
95	4.71	6.42	8.13	9.84	11.55	13.26	14.97
100	4.80	6.60	8.40	10.20	12.00	13.80	15.60

D'après la même ordonnance les chaudières et les bouilleurs en tôle doivent être essayés sous une pression de $3\,(n-1)$ atmosphères.

La formule $P = \frac{811\,d^2 n}{1000}$ donne le poids en kilogrammes dont il faut charger la soupape de sûreté dans l'essai d'une chaudière. Dans cette formule d représente le diamètre de la soupape en centimètres et n le nombre d'atmosphères auquel la chaudière devra résister.

DIMENSIONS ET POIDS DE CHAUDIÈRES DE DIFFÉRENTES FORCES,

EN CENTIMÈTRES ET EN KILOGRAMMES.

FORCE EN CHEVAUX.	LONGUEUR DE LA CHAUDIÈRE.	DIAMÈTRE		NOMBRE DE BOUILLEURS.	POIDS POUR			
		de la chaudière.	des bouilleurs		2 atm.	3 atm.	4 atm.	5 atm.
1	240	60	—	—	200	260	295	325
2	270	66	—	—	350	400	450	500
4	300	69	27	2	575	660	740	825
6	360	75	33	2	900	1060	1195	1325
8	420	78	36	2	1340	1530	1725	1915
10	450	84	36	2	1750	2000	2250	2500
12	480	90	36	2	2100	2400	2700	3000
16	540	99	39	2	2450	2800	3150	3500
20	570	105	39	2	2915	3430	3850	4165
25	630	111	39	3	3100	3550	4000	4445
30	690	117	45	3	3500	4000	4500	5085
35	750	123	45	3	4235	4850	5500	6060
40	810	129	48	3	5000	5700	6450	7165

EFFET UTILE DES MACHINES FIXES.

La force en chevaux d'une machine à basse pression du système de Watt est donnée par la formule :

$$K n \times 2,222 \, pV \left(1 - \frac{p'}{p} \right)$$

dans laquelle p est la pression de la vapeur dans la chaudière, sur un centimètre carré; V le volume engendré par le piston dans une course simple, en mètres cubes ; p' la tension de la vapeur dans le condenseur ; n le nombre de courses simples du piston en 1' ; K un coefficient constant dont la valeur est donnée par le tableau ci-dessous :

FORCE DES MACHINES EN CHEVAUX.	VALEUR DU COEFFICIENT K.	
	MACHINE EN TRÈS-BON ÉTAT D'ENTRETIEN.	EN ÉTAT ORDINAIRE D'ENTRETIEN.
4 à 8	0,50	0,42
10 à 20	0,56	0,47
30 à 50	0,60	0,54

La formule $100000 \, K \left(1 - \frac{p'}{p}\right) km$ donne la quantité de travail en une seconde due à la combustion d'un kilo de houille ; *km* est la force ou la quantité de travail du cheval-vapeur.

—

La force en chevaux d'une machine à détente et à condensation, qu'elle ait un, deux ou trois cylindres, est donnée par la formule :

$$Kn \times 2,222 \, pV \left(1 \times 2,303 \, \log. \frac{p}{p_1} - \frac{v'}{p^1}\right)$$

dans laquelle n est le nombre de courses simples du piston en $1'$; p la pression de la vapeur dans la chaudière ; p^1 la pression de la vapeur après la détente ; p' la pression dans le condenseur, correspondante à sa température ; V le volume engendré par le piston, sur lequel afflue la vapeur de la chaudière, pendant son admission ; K un coefficient constant qui est donné par le tableau à la page ci-après.

3 ·

FORCE DES MACHINES EN CHEVAUX DE 75 *km.*	VALEUR DU COEFFICIENT K POUR DES MACHINES		OBSERVATIONS.
	EN TRÈS-BON ÉTAT D'ENTRETIEN.	EN ÉTAT ORDINAIRE D'NTRETIEN.	
4 à 8	0,33	0,30	Expériences de Douai en 1828. Expériences de M. Prony, *Journal des Mines.*
10 à 20	0,42	0,35	
20 à 40	0,50	0,42	

La formule :

$$100000\,K\left(1 \times 2{,}303 \log. \frac{p}{p^{\mathrm{i}}} - \frac{p'}{p^{\mathrm{i}}}\right) km$$

donne la quantité de travail en une seconde
due à la combustion d'un kilogramme de
houille dans les machines à détente et à
condensation. Dans l'application des formules précédentes la vapeur doit arriver
en plein sur le piston. On doit d'ailleurs
s'assurer qu'il n'a pas de fuites considérables par les garnitures.

Comparaison des effets utiles des diverses
machines à vapeur avec de bons fourneaux

donnant environ 6 à 7 kil. de vapeur par kilogramme de houille.

MACHINES.	EN TRÈS bon état.	EN ÉTAT ordinaire.	CHARBON par cheval et par heure.
	Volumes. Kil.	Volumes. Kil.	Poids. Kil.
A basse pression, système Watt, sans détente et avec condensation .	54,000	45,000	5 à 6
A haute pression, avec détente et condensation.	198,000	90,000	2,5 à 4
A haute pression, avec détente et sans condensation.	93,000	55,000	4 à 5
A haute pression, sans détente ni condensation	27,000	21,480	8 à 10

Problèmes à résoudre pour déterminer la force de la machine à vapeur que l'on a besoin.

La machine à vapeur devant au besoin mettre en ébullition au moins trois chaudières, deux à savon et une à lessive ou une à savon et deux à lessive, nous devons compter au moins sur 150 hectolitres de liquides. Nous avons ainsi à résoudre deux questions :

1° Quel est le poids de vapeur à 130°,

qu'il faut condenser dans 15,000 kilogrammes d'eau à 12°, pour que le mélange soit à 100°.

A cet effet, nous avons la formule

$$Q = \frac{q\ t'' - t)}{(550 + t - t')}$$

Dans cette formule on a :

Q poids de vapeur à la température

t qu'il faut condenser dans un poids

q d'eau à la température ordinaire de

t' pour que le mélange soit à la température

t'' demandée.

Nous avons donc :

$$Q = \frac{150,000\ (100-12)}{550 + 150 - 12} = 2,000 \text{ kilogrammes.}$$

Comme on peut habituellement consacrer huit heures à cette opération, il faut que la machine donne 250 kilogrammes de vapeur par heure.

2° Quelles doivent être les dimensions d'une chaudière à deux bouilleurs capable de produire 250 kilogrammes de vapeur par heure.

Admettons qu'un mètre carré de surface de chauffage produise 25 kilogrammes de vapeur par heure ; il faudra donc $\frac{250}{25} = 10$ mètres carrés de surface de chauffage pour vaporiser 250 kilogrammes de vapeur.

Soient maintenant :

L = longueur de la chaudière ;
L' = celle des bouilleurs ;
D = diamètre de la chaudière ;
D' = celui du bouilleurs.

Si toute la surface des bouilleurs et la moitié de celle de la chaudière sont exposées à l'action de la chaleur, la surface de chauffe

sera $= 1/2\pi DL + 2\pi D'L'$ et devra être $= 10$ mètres carrés.

On prend ordinairement :

$$L = 4D$$
$$L' = \frac{5L}{4} = 5D \text{ et}$$
$$D' = \frac{2D}{5} \text{ ; par conséquent nous}$$

avons l'égalité

$$6\pi D^2 = 10^m ; \text{ d'où}$$
$$D = 0^m,73$$
$$L = 2^m,92$$
$$L' = 3^m,65$$
$$D' = 0^m,29.$$

Jetant les yeux sur le tableau des dimensions des machines à vapeur, nous voyons qu'il nous faut une machine de la force de 6 chevaux du poids de 1,325 kilogrammes et d'une épaisseur de $8^{mm}40$.

Un kilogramme d'eau ou décimètre cube donne 1,700 décimètres cubes vapeur à 0,6 de densité à une atmosphère.

Km est une expression employée en mécanique pour désigner que la force ou la qualité d'action est donnée en kilos, élevés à 1 mètre de hauteur en une seconde.

CHAPITRE III.

—

DE LA COMBUSTION.

La combustion est une véritable combinaison chimique ; aussi me suis-je empressé
d'y consacrer un chapitre. L'air atmosphérique est presque entièrement composé de
deux espèces d'air ou gaz : l'oxygène et
l'azote, un peu plus de 1/5 oxygène et 4/5
azote. L'oxygène est comburant et active la
la combustion, l'azote est impropre à la
respiration et à la combustion.

La présence de l'air, ou plutôt de l'oxygène qu'il contient, est absolument nécessaire à la combustion et c'est lui qui la développe avec une activité d'autant plus grande
que l'air est renouvelé plus rapidement.

Ce renouvellement d'air est nécessaire à
la combustion, car l'oxygène qu'il contient
étant la seule partie de l'air qui entretienne

la combustion, est absorbé par le combustible, et si l'air n'était pas renouvelé, il ne resterait bientôt plus que de l'azote et le feu s'éteindrait bientôt.

AIR NÉCESSAIRE POUR BRULER LE CHARBON.

On a déterminé par des expériences que 1 kilogramme de charbon supposé pur, qu'on nomme carbone, le charbon ordinaire renfermant toujours une certaine quantité de matières non combustibles qui forme la cendre, nécessite 2 kil. 659 d'oxygène ; mais comme celui-ci ne fait que les 21/100 de l'air, il en résulte que ces 2 kil. 659 sont contenus dans $\frac{100}{21} \times 2,659$ ou 12 kil. 66 d'air atmosphérique qui à 0° occupent un volume de $\frac{12,66}{1,229} = 9^{mc}746$ et à 10° un volume de $9,746 + \frac{10}{267} \times 9,746$ ou $10^{mc}11$ ou 13 kilogrammes.

C'est là la quantité d'air qui serait absolument nécessaire pour brûler 1 kilogramme de charbon. Mais dans la pratique cela ne serait pas suffisant, parce que l'air qui passe dans un fourneau n'est pas partout en contact avec le charbon, de sorte qu'au lieu de 10 mètres cubes d'air, il en faut 20, 30, 40 et quelquefois plus.

Nous supposerons 30 dans la suite.

CE QU'ON ENTEND PAR CALORIQUE.

On a donné le nom de chaleur ou de calorique à un fluide particulier, très-subtil, impondérable, mais matériel, lancé de tous côtés par les corps chauds et qui exerce sur nos organes une impression très-pénétrante que nous appelons sensation de chaud.

Si, par des moyens qui sont en notre puissance, nous accumulons le calorique dans un corps, nous pourrons le fondre, le mettre en ébullition et le volatiliser, s'il est fusible et volatil.

Une des propriétés les plus remarquables du calorique, c'est de rayonner, c'est-à-dire de s'échapper des corps qui les contiennent en rayons droits et divergents, exactement comme le font les rayons de la lumière, dans les corps lumineux. Lorsque deux corps sont en présence, ils émettent l'un vers l'autre une partie du calorique qu'ils contiennent. Cet échange, effectué, ainsi qu'on le dit, par voie de rayonnement, se continue sans cesse. Si l'un d'eux reçoit plus qu'il ne donne, il s'échauffe ; si au contraire il donne plus qu'il ne reçoit, il se refroidit. On appelle calorique latent celui accumulé dans un corps pour le faire changer d'état, soit qu'il passe à l'état liquide, soit qu'il passe à l'état gazeux.

L'état que présentent les différents corps de la nature dépend donc de la quantité plus ou moins grande de chaleur qu'ils possèdent.

Nous avons trois moyens d'obtenir la chaleur :

1° La compression ;

2° Le frottement ;

3° La combinaison des corps.

Ce dernier moyen est le plus puissant. Ainsi, lorsqu'on brûle du bois ou de la

houille, on combine avec l'oxygène de l'air
le carbone et l'hydrogène que le bois ou la
houille contient, ce qui produit un dégagement de chaleur plus ou moins considérable.

CE QU'ON ENTEND PAR CALORIE.

Une calorie est la quantité de chaleur
nécessaire pour élever de 1° centigrade la
température de un kilogramme d'eau.

Tableau des calories développées par les
différents combustibles :

COMBUSTIBLES.	CALORIES.	Observation.
Charbon pur . .	7226	Ces nombres
Charbon de bois .	7050	sont don-
Coak pur. . . .	7050	nés par le
Coak à 1/10 de terre.	6345	calorimè-
Grosse houille . .	7500	tre à glace.
Houille pure . .	7050	
Houille à 1/5 de terre	5760	
Bois sec	3600	
Bois séché à l'air .	3000	
Bonne tourbe . .	2250	
Mauvaise tourbe .	1125	

La connaissance de ce tableau peut servir
à établir la valeur vénale des divers com-

bustibles qu'on a à sa portée et à trouver quel est le plus avantageux en raison du prix auquel on peut l'obtenir.

Dans une bonne combustion il ne doit pas y avoir de fumée, et il faut pour que la combustion se fasse bien, mettre souvent du charbon, peu à la fois, et l'égaliser sur la grille en couches de 12 à 15 centimètres d'épaisseur.

On appelle ébullition le phénomène qui se produit lorsque par l'action de la chaleur un liquide fournit des vapeurs dont la tension est égale à la pression qu'exerce l'atmosphère.

Il en résulte que si la pression atmosphérique diminuait, l'ébullition devrait avoir lieu au-dessous de 100°. En effet, sur le mont Blanc, MM. Martin et Bravais ont trouvé qu'elle avait lieu à 84° centigrades.

Si on veut élever la température de l'eau, il faut que le vase, où l'eau est chauffée, soit hermétiquement fermé et très-solide pour éviter son explosion sous l'influence de la force élastique que prend la vapeur avec la température.

La vapeur que produit un peu d'eau dans le vide du baromètre donne les tensions suivantes :

DEGRÉS DU THERMOMÈTRE.	DÉPRESSION DU MERCURE DANS LE BAROMÈTRE.
	mm.
0°	5.06
10°	9.47
20°	17.31
30°	30.64
40°	53.00
50°	88.74
60°	144.07
70°	229.00
80°	352.01
90°	525.03
100°	760.00

Nous remarquons par ce tableau qu'à 100° du thermomètre centigrade, c'est-à-dire à la température où l'eau entre en ébullition, la tension de la vapeur est égale à 760 millimètres de mercure, qui est précisément la pression atmosphérique. Notre définition de l'ébullition est donc démontrée.

4

Pour les machines à vapeur, au lieu de représenter là tension de la vapeur par la dépression du mercure dans le baromètre, on la représente par les pressions atmosphériques. On a ainsi le tableau suivant :

DEGRÉS DU THERMOMÈTRE.	TENSION DE LA VAPEUR ET ATMOSPHÈRE.
100	1
112.2	1 1/2
121.4	2
128.8	2 1/2
135.1	3
140.6	3 1/2
145.4	4
153.1	5
160.2	6
190.0	12
265.9	50

CONDUCTIBILITÉ DES CORPS.

On appelle conductibilité des corps la propriété qu'ils possèdent de transmettre, plus ou moins vite, la chaleur à toutes leurs parties.

D'après cela, on partage les corps en bons et mauvais conducteurs du calorique.

Lorqu'on a deux corps à la même température, par exemple, du fer et du bois,
en portant la main sur eux, on dira que le
premier est beaucoup plus froid que l'autre.
Le premier conduisant beaucoup mieux la
chaleur que le second, enlèvera dans le
même temps beaucoup plus de chaleur à la
main.

En plaçant les corps par ordre de conductibilité et représentant par 1,000 la
conductibilité de l'or, nous avons le tableau
suivant :

NOMS DES CORPS.	CONDUCTIBILITÉS.
Or	1000
Platine	981
Argent	973
Cuivre	898
Fer	374
Zinc	363
Marbre	24
Terre de fourneau . .	11

Ces propriétés sont d'une grande importance dans les arts. Ainsi, dans la construction des fourneaux, on choisit des sub-

stances peu conductrices, afin de perdre le moins de chaleur possible. Souvent même, entre deux couches de briques, on interpose soit une couche de charbon, soit une couche de cendres.

L'air et les gaz conduisent par eux-mêmes très-mal la chaleur ; la ouate, l'édredon ne doivent toutes leurs propriétés qu'à l'air qu'ils emprisonnent.

CHAPITRE IV.

—

HAUTEUR D'UNE CHEMINÉE.

Souvent la hauteur d'une cheminée est limitée par certaines circonstances locales et c'est de cette limite qu'on part pour en déterminer la section ou la largeur ; car plus une cheminée est élevée, dans une certaine limite, moins elle aura besoin de largeur pour brûler la quantité déterminée de charbon, parce que l'air montera beaucoup plus rapidement.

SECTION CARRÉE D'UNE CHEMINÉE.

Supposons, par exemple, qu'on doive brûler un hectolitre de charbon par heure et que l'usage du fourneau donne à l'air de la cheminée 150° de température. Nous dirons l'hect. de charbon pèse . .   80 kilos.

Il faut 30^{mc} d'air par kilo.   2400^{mc}

4*

L'air à 150° sera dilaté de $\frac{150}{267}$ ou 0,562 et 1^{mc} sera devenu . . . . $1^m,562$

Ainsi la colonne d'air de la cheminée que nous supposerons devoir être de 20 mètres à 150° n'équivaudrait à 0° qu'à . . . . $\frac{20^m}{1,562} = 12^m,80$

Mais à cause du carbone combiné, le poids de la colonne d'air sera augmenté de 1/25 ou 1/26 ; sa hauteur sera donc réellement de . $12^m,80 + \frac{12,8}{26} = 13^m,3$

L'excès de la colonne extérieure sera donc de . . $6^m,7$

La vitesse de l'air de la cheminée à cette pression sera de . . . . . . $4,43 \sqrt{6.7}$ ou par seconde de . . . $11^m,45$

La vitesse de l'air par heure sera donc 3,600 plus grande ou 41,220 mètres.

Il faut donc que la section carrée de la cheminée soit au moins de

$$\frac{1,56 \times 2400}{41220} = 0^{\mathrm{m}},0902.$$

Ce qui fait un carré dont le côté sera de 30 centimètres ou une brique et demie ou un rectangle d'une brique sur une et demie.

FORMULES GÉNÉRALES QUI DONNENT LES SECTIONS
DES CHEMINÉES.

En désignant le nombre de kilos de charbon à brûler par heure par n, la hauteur de la cheminée par H et la température de la cheminée par t. On a la formule :

$$D^2 = \frac{12 \times n}{3987 \sqrt{\dfrac{26tH - 267H}{6962 + 26t}}}$$

Si nous appliquons à cette formule les données ci-dessous, nous obtenons :

$$D^2 = \frac{12 \times 80}{3987 \sqrt{\dfrac{26 \times 150 \times 20 - 267 \times 20}{6962 + 26 \times 150}}} = \frac{12 \times 80}{3987 \sqrt{6,70}}$$

$$= \frac{960}{3987 \times 2,6} = 0^{\mathrm{m}},0920, \text{ d'où } D = 0^{\mathrm{m}},30.$$

Lorsque le feu doit parcourir un circuit avant d'arriver dans la cheminée, la section de la cheminée est donnée par la formule :

$$D^5 = \frac{m^2 n^2 KL(1 + at)^2}{3600^2 Hat}$$

Dans cette formule, on représente par n le nombre de kilos de charbon par heure, m le nombre de mètres cubes d'air froid par kilogramme de combustible, t l'excès de température de l'air chaud sur l'air extérieur, H la hauteur de la cheminée, L longueur du circuit, a coefficient de dilatation de l'air égal à $0^m,00365$, pour chaque degré du thermomètre centigrade et K coefficient qui sert à rectifier les résistances dues au frottement. Ce coefficient est pour la terre cuite 0,0127, 0,0050 pour la tôle et 0,0025 pour la fonte recouverte à l'intérieur d'une couche de noir de fumée.

Pour trouver la valeur de D, on doit résoudre cette équation par les logarithmes.

Dans cette formule nous avons :

Mètres cubes d'air froid par heure $= mn$.

Mètres cubes d'air chaud par heure $= mn (1 + at)$.

Mètres cubes d'air chaud par seconde

$$= \frac{mn\,(1 + at)}{3600}.$$

D'où il résulte que la surface D^2 de la section de la cheminée mutipliée par la vitesse V de l'air doit être égale aux mètres cubes d'air chaud par seconde. On a ainsi :

$$V\,D^2 = \frac{mn\,(1 + at)}{3600}.$$

Mais la vitesse

$$V = \sqrt{\frac{2g\,Hat\,D}{2g\,KL + D}}$$

comme nous le verrons plus loin, il vient donc

$$D^2 \sqrt{\frac{2g\,Hat\,D}{2g\,KL + D}} = \frac{mn\,(1 + at)}{3600},$$

d'où

$$\frac{2g\,Hat\,D^5}{2g\,KL + D} = \frac{m^2 n^2\,(1 + at)^2}{3600^2}.$$

En négligeant au dénominateur la quantité D, qui est très-petite par rapport à l'autre terme, on trouve :

$$D^5 = \frac{m^2 n^2\,(1 + at)^2\,KL}{3600^2\,Hat}$$

DES CANAUX ACCESSOIRES.

Il n'est pas nécessaire que chaque fourneau ait sa cheminée ; il est même très-souvent avantageux de n'avoir qu'une cheminée pour plusieurs fourneaux ; il n'y a aucun obstacle à faire subir aux conduits toutes les inflexions nécessaires, et même à les faire passer sous terre. La bonne distribution de ces canaux est une chose très-importante et ne peut guère être obtenue que dans un établissement nouveau.

DES CARNEAUX.

On appelle carneaux les ouvertures qui, autour d'une chaudière, laissent passer le feu du foyer dans la cheminée. Il est essentiel pour avoir un bon tirage que l'ouverture totale de tous les carneaux soit au moins égale à celle de la cheminée.

A l'aide des formules que nous avons données, on pourra toujours déterminer les sections à donner aux cheminées des fourneaux. Quoique les sections des cheminées données par ces formules soient toujours suffisantes pour produire l'effet demandé, du moins quand la surface de la grille a les dimensions convenables, il est toujours avantageux de donner à la cheminée une plus grande section, sans changer pourtant celle des carneaux. On donne ainsi à la cheminée un excès de puissance que l'on réduit à volonté à l'aide d'un bon registre.

VITESSE DE L'AIR DANS UNE CHEMINÉE.

Commençons par donner un moyen pratique de mesurer la vitesse de l'air dans une cheminée ; quoique grossier, il approche assez de la vérité pour être employé.

On se place à une distance du fourneau suffisante pour apercevoir le haut de la cheminée ; près du fourneau est un homme avec un tisonnier qui perce tout d'un coup la croûte qui se forme sur le feu, au signal qu'on lui donne, et au moyen d'une montre à secondes on mesure le temps qui s'écoule entre cet instant et celui où l'on voit sortir la fumée par le haut de la cheminée.

Pour avoir la température moyenne de la cheminée, il faut descendre un thermomètre jusqu'à moitié de la cheminée et le remonter rapidement. Ou bien prendre la température au pied de la cheminée, y ajouter la température de l'air extérieur et diviser le tout par deux.

Pour bien mettre à profit la chaleur fournie par la combustion, il faut que cette température ne passe pas $150°$ et que la quantité d'air qui passe ne soit pas plus de 30^{mc} par kilogramme de charbon.

M. Peclet ayant trouvé que la résistance pour l'air chaud suit sensiblement la même loi que celle pour l'air froid dans les tuyaux, et ce physicien ayant donné les valeurs d'un cœfficient K qui varie avec la nature du tuyau, il n'y a pas lieu de tenir compte des altérations que l'air éprouve dans le foyer pour chercher la vitesse de l'air dans une cheminée.

En désignant par H la hauteur de la cheminée, par t la température extérieure, par t' la température intérieure, et par a la dilatation de l'air pour chaque degré du thermomètre centigrade ; nous supposerons pour trouver la hauteur de la colonne génératrice de la vitesse, que la colonne chaude se contracte et nous calculerons la différence de hauteur des deux colonnes froides.

A t' la hauteur est H ;

à $0°$ la hauteur intérieure est $\dfrac{H}{1 + at'}$ et

à t la hauteur est $\dfrac{H(1 + at)}{1 + at'}$;

donc la hauteur génératrice est

$$H - \frac{H(1 + at)}{1 + at'} = \frac{H(t' - t)a}{1 + at'}$$ et la vitesse

de l'air froid est donné par la formule

$$v^2 = \frac{2gHa(t' - t)}{1 + at'} \cdot$$

Nous avons dit pourquoi nous pouvons nous servir de cette vitesse ; toutefois on peut obtenir la vitesse de l'air chaud comme suit :

A $t°$ la hauteur $= H$;

à $0°$ la hauteur $= \dfrac{H}{1 + at}$;

à t' la hauteur $= \dfrac{H(1 + at')}{1 + at}$,

et la hauteur génératrice est donnée par

$$\frac{H(1 + at')}{1 + at} - H$$

$$= \frac{H(t' - t)a}{1 + at}, \text{ et la vitesse due à}$$

cette hauteur est donnée par la formule

$$v^2 = \frac{2g\mathrm{H}a(t' - t)}{1 + at}.$$

La lettre g représente la vitesse qu'un corps acquiert dans le vide, à la fin de la première seconde. A la latitude de Paris

$$g = 9^{\mathrm{m}},8088.$$

Chiffre que nous admettons aussi.

On remarquera que pour passer de la vitesse de l'air froid à la vitesse de l'air chaud, il suffit de multiplier la première vitesse par $\sqrt{\dfrac{1 + at'}{1 + at}}$.

En cherchant la vitesse de l'air de l'une ou de l'autre manière, on doit tenir compte de l'augmentation de densité qu'éprouve l'air par la combustion. Ainsi un mètre cube d'air qui à 0° pèse 1 kil. 298, pèsera complétement saturné de carbone 1 kil. 412, c'est-à-dire qu'il aura augmenté son poids de plus de 1/11.

En effet, il faut mathématiquement 8^{mc}80 d'air pour brûler 1 kil. de charbon, donc

1^{mc} en consommera 0 kil. 114, un peu plus du 1/11 du poids total 1 kil. 298.

Comme dans la pratique on suppose souvent 20^{mc} pour 1 kil. de charbon, l'augmentation ne serait que de 1/25 et ne serait que de 1/38 pour la supposition de 30^{mc}.

On doit donc, pour trouver la hauteur génératrice dans la vitesse de l'air froid, augmenter préalablement la colonne d'air ramenée à l'air extérieur de 1/25 ou 1/38 avant de la soustraire de la hauteur à la température intérieure.

Toutefois ce calcul n'est pas nécessaire lorsqu'on se sert du coëfficient K.

Les formules que nous avons données jusqu'à présent pour les vitesses, les donnent beaucoup trop grandes parce qu'on y a négligé les frottements, les étranglements et l'influence de la grille.

RÉSISTANCE DUE AU FROTTEMENT.

Il résulte des expériences de M. d'Aubuisson sur le mouvement des gaz dans des tuyaux, que la résistance due au frottement est proportionnelle au carré de la vitesse et à la longueur du tuyau, et en raison inverse de son diamètre.

Appelons P la hauteur de la vitesse qui devrait avoir lieu sans le frottement; désignons par p la hauteur de la vitesse effective : P — p sera la perte de hauteur due au frottement dans le tuyau.

v serait $= \sqrt{2g\mathrm{P}}$, s'il n'y avait pas de frottement; mais $v = \sqrt{2gp}$. Cela posé, et en désignant par D le diamètre et par L la longueur du tuyau, nous aurons :

$$\mathrm{P} - p = \frac{v^2 \mathrm{KL}}{\mathrm{D}},$$ K étant une constante qui varie, comme nous l'avons dit, avec la nature du tuyau. Mais de la formule $v = \sqrt{2gp}$, nous avons $v^2 = 2gp$ et $p = \frac{v^2}{2g}$. D'où remplaçant dans la formule précédente p par cette valeur, il vient $\mathrm{P} - \frac{v^2}{2g} = \frac{v^2 \mathrm{KL}}{\mathrm{D}}$, d'où on a $v^2 = \frac{2g\mathrm{PD}}{2g\mathrm{KL} + \mathrm{D}}$.

Il ne faut pas confondre la quantité L qui désigne la longueur totale du circuit avec H qui n'est que la distance verticale entre les deux bouts de la cheminée, depuis la grille jusqu'au sommet.

Lorsque L $=$ H, et qu'en outre la valeur de H est tellement grande que D peut être négligé au dénominateur à côté de $2g$KL, on trouve que la vitesse dans ce cas est indépendante de la hauteur de la cheminée.

EFFET D'UN RÉTRÉCISSEMENT DE SECTION VERS LE HAUT DE LA CHEMINÉE.

Comme vers le haut d'une cheminée l'air est moins volumineux, sa température étant moins haute, on voit que l'on peut sans inconvénient construire les cheminées en diminuant, mais encore il y a avantage à cette construction.

Si la section de la cheminée était uni-forme, nous aurions comme ci-devant :

$$P - p = \frac{Kv^2H}{D}.$$

Si nous supposons que l'orifice supérieur ait un diamètre d, plus petit que D, la visse dans le canal sera $\frac{vd^2}{D^2}$, au lieu d'être V,

5*

et par conséquent la résistance deviendra

$$P - p = \frac{Kv^2H}{\left(\frac{D}{d}\right)^5 \times d}.$$ Si nous faisons $\frac{D}{d} = m$, il

vient $P - p = \frac{Kv^2H}{m^5 d}$; mais $p = \frac{v^2}{2g}$; donc

$$P - \frac{v^2}{2g} = \frac{Kv^2H}{m^5 d}, \quad \text{d'où} \quad v^2 = \frac{2g P m^5 d}{m^5 d \times 2g KH}.$$

Dans cette formule on voit que le numérateur augmente beaucoup plus que le dénominateur lorsque m devient plus grand, et qu'à la limite, on a $V = \sqrt{2gP}$ la vitesse théorique.

En effet $\frac{D}{d} = m$ et cette fraction n'augmentant qu'à mesure que d diminue, on voit qu'il y a avantage à rétrécir le haut d'une cheminée.

Désignons par Q la dépense d'air qui se fait au moyen de la cheminée dont nous nous occupons. Cette dépense sera :

$$Q = d^2 \frac{\sqrt{2g P m^5 d}}{\sqrt{m^5 d + 2g KH}}.$$

Si la section de la cheminée était partout égale à celle de l'orifice supérieur, la quan-

tité de gaz qui s'en échapperait serait donnée par la formule :

$$q = d^2 \cdot \frac{\sqrt{2g\mathrm{P}d}}{\sqrt{2g\mathrm{K}\mathrm{H} + d}}$$

Le rapport de ces deux dépenses peut se
mettre sous la forme :

$$\frac{\mathrm{Q}}{q} = \frac{\sqrt{2g\mathrm{K}\mathrm{H} + d}}{\sqrt{d + \dfrac{2g\mathrm{K}\mathrm{H}}{m^5}}}.$$

Ce rapport sera le plus grand possible,
lorsque le dénominateur sera le plus petit
possible. Or, le dénominateur sera le plus
petit, lorsque m sera le plus grand et le
rapport aura son maximum lorsque $m =$ l'in-
fini.

On a alors $\dfrac{\mathrm{Q}}{q} = \dfrac{\sqrt{2g\mathrm{K}\mathrm{H} + d}}{\sqrt{d}}$

Si on suppose $d = 0^m,20$ et $\mathrm{H} = 10^m$,

on a $\dfrac{\mathrm{Q}}{q} = \dfrac{\sqrt{0,25 \times 10 + 0,20}}{\sqrt{0,20}} = 3,7.$

Mais en supposant $m = \dfrac{\mathrm{D}}{d} = 2, 3, 4, 5,$

on trouvera que les rapports des dépenses

d'air sont respectivement 3,16, 3,42, 3,53, 3,7. Donc $m = 5$ donne le maximum.

TABLEAU DES TIRAGES A DIVERSES TEMPÉRATURES,

D'APRÈS PECLET.

TEMPÉRATURES.	TIRAGES.
30	3,55
60	5,47
90	6,47
120	7,06
150	7,43
180	7,66
210	7,80
240	7,89
270	7,93
300	7,94
350	7,91
400	7,84
600	7,44
1000	6,60

Ce tableau a été calculé avec un coefficient de dilatation de 0,00375 et pour le réduire au coefficient de 0,00365, il suffit de multiplier chaque température par $\dfrac{\sqrt{t'}}{1 + at'}$.

On a ainsi le deuxième tableau :

TEMPÉRATURES.	TIRAGES.
30 $\sqrt{t'} : (1 + at')$	4,93
60 » »	6,35
90 » »	7,13
120 » »	7,62
150 » »	7,92
180 » »	8,09
210 » »	8,21
240 » »	8,26
270 » »	8,278
300 » »	8,27
350 » »	8,21
400 » »	8,13
600 » »	7,62
1000 » »	6,80

En supposant dans ce tableau $t' = 1°$, au lieu de 30°, on aura 29°.89 pour la première température et ainsi de suite, mais comme ces différences sont peu sensibles, on peut admettre la première notation.

Il résulte de ce tableau que le maximum de tirage a lieu vers 270° et que, dans le voisinage de ce maximum, une différence considérable, même de 100° en plus ou en moins dans la température n'influe pas beaucoup sur la dépense d'air.

Elle permet de calculer la section d'une cheminée, sans connaître exactement la température produite.

MAXIMUM DE TIRAGE.

Voyons comment on trouve par le calcul qu'il doit y avoir une température qui donne le maximum de tirage.

La température influe de deux manières sur la quantité d'air qui passe par la cheminée : elle accélère le mouvement de l'air chaud, ce qui doit augmenter la quantité d'air qui afflue ; mais elle diminue en même temps la densité de l'air, et par ce moyen elle nuit à l'appel opéré par la cheminée. Comme ces deux effets sont contraires, il doit y avoir une température qui donne le maximum de tirage.

Supposons que l'air extérieur soit à la température t. La vitesse de l'air dans la cheminée sera $V = \dfrac{\sqrt{2g\,PD}}{\sqrt{2g\,KL + D}}$.

Si nous remplaçons la hauteur génératrice P par sa valeur en fonction de H, nous avons $P = \dfrac{Ha(t'-t)}{1+at}$ et en supposant $t = 0$, on a $P = Ha(t'-t)$, d'où $V = \dfrac{\sqrt{2g\,Ha(t'-t)D}}{\sqrt{2g\,KL+D}}$.

Le volume d'air qui passe par l'orifice D^2 sera donc $VD^2 = D^2 \sqrt{\dfrac{2g\,Ha(t'-t)D}{2g\,KL+D}}$. Un mètre cube d'air saturé pesant $1,412$, à 0° à t' il ne pèsera plus que $\dfrac{1,412}{1+at'}$. Le poids du volume d'air qui passe par l'orifice sera donc $\dfrac{1,412}{1+at'} \times D^2 \sqrt{\dfrac{2g\,HaD(t'-t)}{2g\,KL+D}}$ ou

$$1,412 \; D^2 \sqrt{\dfrac{2g\,HaD(t'-t)}{(2g\,KL+D)\,(1+at')^2}}.$$

Cette quantité sera un maximum lorsque $\dfrac{t'-t}{(1+at')^2} = y$ aura la plus grande valeur possible. Or, en différenciant nous trouvons :

$$\dfrac{dy}{dt'} = \dfrac{(1+at')^2 - 2a(t'-t)(1+at')}{(1+at')^4}.$$

Si nous égalons à zéro le numérateur de cette fraction, nous trouverons :

$$1 - at' + 2at = 0, \text{ d'où}$$

$$t' = \dfrac{1}{a} + 2t = \dfrac{1}{0,00365} + 2t,$$

d'où $t' = 274° + 2t$. Ainsi le maximum du poids d'air appelé par la cheminée correspond à une température d'environ $274°$ en supposant $t = 0$.

CHAPITRE V.

—

Dans toute espèce de fourneaux, pour utiliser le plus de chaleur possible, on doit multiplier autant qu'on le peut la surface de contact entre l'air chaud qui sort du foyer et le corps à échauffer; ainsi pour une chaudière d'eau à chauffer, il faudra qu'au sortir du feu et avant de se rendre dans la cheminée, l'air brûlé circule autour de la chaudière dans des canaux destinés à cet effet. Ces canaux doivent être, autant qu'on le peut, aplatis du côté de la chaudière, pour réduire l'air à une couche mince, ce qui facilite le dépouillement de sa chaleur en faveur du corps à échauffer.

DÉPERDITIONS DE CHALEUR.

La chaleur se perd dans les fourneaux

6

de deux manières : par la cheminée et par les parois.

La déperdition par la cheminée s'obtient en calculant la quantité d'air qui sort de la cheminée. C'est-à-dire en multipliant la section de la cheminée par la vitesse de l'air à la température intérieure et par la densité.

La déperdition de la chaleur par les parois est proportionnelle à leur surface et en raison inverse de leur épaisseur.

Les grands fourneaux sont les plus avantageux, car les pertes de chaleur y sont moindres.

En effet, supposons un grand fourneau de $0^m,40$ de hauteur, $1^m,50$ de largeur et $2^m,40$ de long, ce qui fait pour les six faces $6,072$ mètres carrés de surface. On peut, comme nous le verrons, brûler dans ce fourneau 300 kilogr. de charbon par heure, ce qui fait $0^m,022$ de surface par kilogramme de charbon.

Dans un petit fourneau de $0^m,20$ de hau-

teur, 0ᵐ,50 de largeur et 0ᵐ,60 de longueur,
ce qui fait 1ᵐ,04 de surface pour les six faces,
on ne peut brûler que 25 kilogr. de charbon par heure ; ce qui fait 0ᵐ,041 de surface par kilogramme de charbon, surface
double de celle du grand fourneau. On voit
donc combien les grands fourneaux sont
avantageux.

CAPACITÉS DES FOYERS ET HAUTEURS DES CHAUDIÈRES
AU-DESSUS DE LA GRILLE.

Le foyer est l'espace qui sépare la grille
du fond de la chaudière.

La capacité du foyer dépend entièrement
de la quantité et de la nature du combustible
qu'on veut y brûler. Ainsi, comme le bois
ne développe à beaucoup près pas autant de
chaleur qu'un même volume de houille, un
foyer à bois, pour produire autant de chaleur qu'un foyer à houille, devra être beaucoup plus grand que celui-ci.

Si la capacité d'un foyer à houille est 1,
on donne ordinairement au foyer destiné à

brûler du bois, une capacité de 4, $^1/_8$; pour la tourbe au bois de sapin 6, et 2 pour le charbon de coke.

Il résulte d'un grand nombre d'expériences qu'un foyer capable de brûler par heure 100 kilogr. de houille, doit avoir une capacité de 400 à 500 décimètres cubes.

Pour que le foyer puisse rayonner le plus de chaleur possible, on le construit en forme de tronc de cône et en bonnes briques réfractaires.

Pour préserver l'intérieur de l'action destructive du feu, on recouvre les briques d'une couche d'argile d'un centimètre d'épaisseur qu'on laisse bien sécher.

La hauteur de la chaudière au-dessus de la grille a une grande influence sur l'effet produit par le combustible. Elle doit toujours être suffisante pour que la flamme puisse se développer convenablement et doit par conséquent varier avec la nature du combustible et le but qu'on se propose.

Pour les foyers à houille elle est de
                        30 à 40 centimètres,
à bois de . . . . 70 à 80   »
à charbon de bois 60 à 70   »
à coke 50   »

DIMENSIONS DE LA GRILLE.

La grille est une des parties principales
des fourneaux ; on doit calculer sa surface
d'après la quantité de charbon qu'on veut y
brûler par heure.

D'après Peclet, la surface totale de la
grille doit contenir autant de fois 12 décimètres carrés qu'on veut brûler par heure
de fois 10 kilogr. de houille. On a donc la
formule $S = \frac{12P}{10}$.

Pour brûler de la houille grasse, il est
avantageux de donner à la surface libre
entre les barreaux de grille, le 1/3 de la
surface totale de la grille, et par conséquent
à l'intervalle entre deux barreaux consécu-
tifs la moitié de la largeur d'un barreau.

6*

La largeur des barreaux de grille varie selon la longueur de ceux-ci ; elle varie pour les plus longs entre 3 et 5 centimètres et n'est que de 2 centimètres pour les plus courts.

Les grilles à bois ne doivent avoir que le 1/3 ou le 1/4, et celles à charbon de bois que la moitié de la surface qu'il faudrait donner aux grilles à houille.

Comme il y a une grande relation entre la grille et la section de cheminée, nous allons indiquer comment l'une étant connue on peut trouver l'autre.

CALCUL DE SA SURFACE.

Comme tout l'air qui doit passer dans la cheminée doit d'abord passer au travers de la grille, il en résulte que la surface libre de celle-ci doit être à peu près égale à la section de la cheminée, reste à voir quel est le rapport vrai de la surface libre à la surface totale de la grille.

La surface occupée par les barreaux est

ordinairement les 2/3 de la surface totale. Il n'y a donc que 1/3 de la surface de la grille libre, mais cette liberté n'est pas complète à cause que l'air est encore arrêté par le charbon dont la grille est couverte.

Pour évaluer l'espace libre entre le charbon, on peut le faire approximativement en cherchant la différence entre la densité réelle du charbon et sa densité apparente. Pour cela on pèse d'abord un hectolitre de charbon de la grosseur qu'on doit l'employer et ensuite on estime la densité d'un morceau de charbon massif, d'un décimètre cube, par exemple, et on en conclut ce que pèserait l'hectolitre de charbon massif.

On trouvera à peu près 70 kilos pour l'hectolitre en morceaux et 105 kilos pour l'hectolitre massif; d'où il résulte qu'il y a environ 70/105 = 2/3 de plein et 1/3 de vide, mais il faut observer que les vides qu'il y a entre les charbons varient à différentes hauteurs dans une couche de charbon en morceaux et que l'évaluation précédente donne la moyenne, tandis que c'est d'après le plus petit qu'on doit se régler pour évaluer quelle surface on doit donner à la grille ; en outre, cet espace est encore diminué dans la combustion par les morceaux de charbon qui se collent les uns aux autres ; ainsi au lieu de 1/3 il ne faut guère compter que 1/4 ou 1/5 de l'espace qu'il y a entre les barreaux et comme par construction cet espace est de 1/3, il en résulte que nous n'avons de libre que 1/12 à 1/15 de la surface totale. On fera donc en général la grille 12 à 15 fois aussi large que la section de la cheminée.

EFFETS D'UNE GRILLE TROP GRANDE OU TROP PETITE.

Si on emploie une grille trop grande, il passera un excès d'air sur le combustible et tout cet air devra être chauffé en pure perte ; si on emploie une grille trop petite, il passera moins d'air sur le combustible, la combustion sera languissante et le combustible mal utilisé.

On a reconnu par l'expérience que les foyers les plus avantageux sous le rapport de la chaleur développée par le combustible, sont ceux d'où l'air se dégage seulement à moitié brûlé, et que cette condition est remplie lorsque les grilles ont une surface telle que la quantité de houille brûlée par heure et par décimètre carré soit à peu près de 1 kil. à 1 kil. 2, l'épaisseur du combustible étant de 12 centimètres. Or, notre formule $S = \frac{12P}{10}$ répond presque à la question.

En effet, dans un exemple précédent nous avons brûlé 80 kilogr. charbon par heure, notre formule nous donne donc $S = 96$ décimètres carrés, ce qui fait que notre grille serait un peu trop grande; néanmoins, dans le plus grand nombre de cas, son effet se rapproche le plus du résultat maximum et on ne craint pas, en ne limitant pas trop l'affluence de l'air, de former de l'oxyde de carbone, ce qui occasionne une grande perte dans les foyers ordinaires, et si en outre la houille est grosse, il s'opère une distillation qui peut faire perdre 50 p. c. de la matière combustible.

DU CENDRIER.

Le cendrier est destiné non-seulement à recevoir les cendres qui forme la combustion, mais aussi à livrer passage à l'air qui doit alimenter la combustion. C'est en réfléchissant d'une manière vague à ce dernier emploi qu'on a quelquefois exagéré ses dimensions. Il suffit que le cendrier présente à l'air une ouverture égale à celle de la cheminée; toutefois on ne lui donne jamais une ouverture moindre que la moitié de la surface totale de la grille, qui se trouve ordinairement à 80 centimètres au-dessus du fond du cendrier. Il conviendra dans beaucoup de circonstances de la munir d'une porte à coulisse, afin de pouvoir modérer l'ardeur du feu. Il est important de ne pas laisser accumuler les cendres dans le cendrier, car l'air, en arrivant plus lentement et en moins grande quantité sous la grille, ralentirait l'activité de la combustion.

L'expérience a prouvé qu'en maintenant constamment de l'eau au fond des cendriers, on conserve d'une part plus longtemps les barreaux, et d'autre part qu'une partie de l'eau réduite en vapeur se décompose en traversant le combustible incandescent, et que son oxygène fournit un nouvel aliment à la combustion.

INFLUENCE DES PORTES DES FOURNEAUX.

Les portes des fourneaux en s'ouvrant laissent pénétrer dans le foyer une grande quantité d'air froid et causent ainsi de grandes pertes de chaleur ; c'est pourquoi on doit les prendre aussi petites que faire se peut. Recherchons la perte de chaleur occasionnée par une porte de $0^m,30$ en hauteur et en largeur.

Supposons un fourneau où l'on brûle

100 kil. de houille par heure, il faudra donc à cet effet 3,000 kil. d'air qui multipliés par 1 kil. 298 ou 1 kil. 3 poids de un mètre cube d'air à 0°, portent à 3,900 le nombre de kilos d'air à employer.

Si l'on suppose maintenant qu'il est nécessaire, pour introduire le combustible dans le foyer, d'en laisser la porte ouverte pendant quatre minutes toutes les heures, et que le tirage de la cheminée soit de 7 mètres, nous avons :

La surface de la porte étant $0^m,09$, la quantité d'air passant en une seconde par cette ouverture serait $0,09 \times 7 = 0,63$; en une minute elle serait $37,8$, et en quatre minutes $151,2$; et comme il ne faut, d'après ce qui a été établi ci-dessus, que 3,900 mètres cubes d'air pour alimenter la combustion, on voit qu'il faudrait, si la porte restait ouverte pendant quatre minutes chaque heure, échauffer inutilement une quantité d'air égale au 1/25 de celle qui est nécessaire.

Si on prenait pour l'air nécessaire à la houille la valeur théorique 10^{mc} au lieu de 30, on chaufferait inutilement 1/8 toutes les heures, ce qui ferait par journée une perte de 100 kil. houille.

En ouvrant la porte, outre l'air froid qui se précipite dans le foyer et le peu d'air qui passe encore à travers la grille, la couche de combustible froid et plus ou moins humide occasionne aussi un abaissement de température.

Enfin, les pertes de chaleur provenant de l'échauffement du combustible et de l'évaporation de l'eau qu'il contient donnent lieu à une autre perte plus considérable, en éteignant, au moins momentanément, les gaz de la houille qui entraînent beaucoup de parties combustibles tant solides que gazeuses.

De là cette fumée noire et épaisse qui se développe sur la grille.

On voit combien il est important que le service de la grille se fasse avec soin

Cherchons maintenant la quantité de chaleur qui s'échappe par une cheminée.

Supposons toujours un fourneau qui brûle 100 kil. de charbon par heure, l'air consommé sera alors $3,000^{mc}$ et le poids de cet air, comme 1^{mc} d'air pèse 1 kil. 298 ou 1 kil. 3, sera 3,900 kil.

Supposons la température à 200°; nous savons alors que les 3,900 kil. d'air font $3,900 \times 200$ calories. Mais les calories ayant été calculées pour l'eau et le calorique de l'air n'étant que le quart de celui de l'eau, notre quantité de chaleur rapportée à l'eau n'est que de $3,900 \times \frac{200}{4} = 195,000$ calories.

Les 100 kil. houille donnant 750,000 calories, le rapport entre ces deux quantités est $\frac{750,000}{195,000} = 3,84$, environ 4. La perte de chaleur par la cheminée ou la quantité de chaleur emportée par l'air, lorsque la porte du foyer est fermée est donc le 1/4 de la totalité de la chaleur développée par les 100 kil. de houille.

QUANTITÉ DE CHALEUR UTILISÉE DANS LES FOYERS.

La quantité de chaleur absorbée dans un temps donné par le corps qu'il s'agit de fondre ou de chauffer, dépend de la différence qu'il y a entre la température nécessaire pour produire l'effet voulu et celle qui est réellement développée par la combustion. Plus cette différence est grande, plus le corps s'échauffe rapidement et moins on perd de chaleur.

Voici comment on peut déterminer la quantité absolue de chaleur abandonnée dans le foyer :

Si nous avions à chauffer de l'eau

1 k houille donnerait 7,500° à 1 k. eau et 1 k. houille donnerait 30,000° à 1 k. air, vu que l'air est 4 fois plus léger que l'eau. Mais dans un foyer, l'air ne pouvant pas être enfermé et 1 kil. houille ayant besoin pour être consommé de 39, 26 ou 13 kil. d'air, ce sont donc 39, 26 ou 13 kil. qui posséderaient les 30,000° de chaleur et par consé-

quent 1 kil. d'air ou la température produite n'est que de $\frac{30,000}{39}$, de $\frac{30,000}{26}$ ou $\frac{30,000}{13}$, suivant que le foyer demande pour 1 kilogr. houille 30, 20 ou 10^{mc} d'air.

L'élévation de température est donc de 766, de 1,153 ou de 2,307° pour 1 kilogramme de houille.

D'après ces données on voit qu'il est utile de n'employer que l'air indispensable.

A 1° les pertes de chaleur par l'air sont donc 1/766, 1/1153 et 1/2307, et si l'air dè la cheminée devait avoir 200°, les pertes seraient 1/4, 1/6 et 1/11, ce que nous pouvions déduire du cas précédent.

TROUVANT CONSTRUIT UN FOURNEAU, EN RÉGLER LA COMBUSTION.

A cet effet on commence par prendre la surface de la grille ; cette surface donnera de suite le nombre de kilos de charbon que l'on devra brûler par heure. D'après la bonne ou mauvaise disposition des barreaux

de la grille, on jugera si un kilo charbon
aura besoin de 20, 30 ou 40 mètres cubes
d'air pour sa combustion et de là on trouvera quelle devra être la section de la cheminée. Si la cheminée est trop étroite, on
diminue le nombre de kilos de charbon et par
une porte à coulisse adaptée au cendrier, on
ne laisse pénétrer sous la grille que l'air
strictement nécessaire. Si la cheminée est
trop large on y remédie au moyen d'un
bon registre.

7*

DEUXIÈME PARTIE.

CHAPITRE PREMIER.

HISTORIQUE DES ALCALIS, LEURS CARACTÈRES.

On appelle alcalis ou oxydes alcalins, des oxydes métalliques ayant pour base un métal combiné avec l'oxygène.

Les métaux alcalins sont au nombre de six, savoir :

Le potassium, le sodium, le calcium, le baryum, le strontium et le lithium. Les trois premiers sont les seuls employés en savonnerie, parce qu'il n'y a que les oxydes de potassium et de sodium qui, combinés avec l'oxyde de calcium, forment des savons complétement solubles dans l'eau. Le nom d'alcalin donné à ces métaux provient de ce que leurs oxydes ont toujours été désignés par le nom générique d'alcalis. C'est

M. Humphry Davy, chimiste anglais, qui le premier en 1807 a prouvé que les alcalis étaient des oxydes métalliques, en les décomposant au moyen d'une pile de Volta et en obtenant des métaux alcalins à l'état de pureté.

Voici les caractères distinctifs des alcalis :

1° Ils sont plus ou moins solubles dans l'eau ;

2° Ils ont une saveur âcre et caustique, propriété qui se développe par la chaux ;

3° Ils verdissent les couleurs bleues végétales et ramènent au bleu la teinture de tournesol rougie par un acide ;

4° Ils neutralisent les acides, et forment des sels qui diffèrent, par leurs propriétés physiques et chimiques, des acides et des bases qui les ont produits.

LA POTASSE.

La potasse ou protoxyde de potassium ne se rencontre nulle part dans la nature à l'état de pureté. Elle s'extrait des minéraux

de certaines roches, s'obtient par la combustion des végétaux et principalement
par la distillation de la mélasse de betteraves.

La potasse s'obtient ordinairement de la
combustion de grandes quantités de bois,
provenant du déboisement des forêts, mais
on pourrait très-bien l'extraire de la bruyère,
de la fougère, plantes très-riches en sels de
potasse, des marrons sauvages, des fanes de
pommes de terre, des tiges de haricots et de
fèves et de beaucoup d'autres végétaux des
champs.

L'expérience a démontré que les plantes
qui n'ont pas achevé leur croissance sont
celles qui donnent le plus de potasse et que
les parties les plus jeunes renferment le plus
de sels : ainsi les feuilles d'un arbre en contiennent plus que les branches et celles-ci
plus que le corps de l'arbre.

La potasse se trouve dans les végétaux
par la propriété qu'ils ont de la puiser dans
le sol et dans les engrais, avec d'autres

acides organiques. Comme les cendres des
végétaux renferment encore plusieurs sels,
tels que les chlorures de potassium et de
sodium, les sulfates de potasse et de soude,
des carbonates et phosphates de chaux et de
magnésie, ainsi que de la silice, nous verrons
plus loin que la qualité des potasses varie
avec la quantité plus ou moins grande de ces
sels neutres.

Voici comment on peut procéder pour
extraire la potasse des plantes :

Après avoir coupé les végétaux, on les
laisse sécher complétement. On les ramasse
ensuite et on en forme des tas. On réunit
plusieurs de ces tas, on y met le feu et on
ajoute de nouvelles plantes jusqu'à ce que
toutes celles préparées soient brûlées Lorsque les cendres sont refroidies, on les étend
et on les laisse exposées pendant quelques
jours à ciel ouvert ou sous des hangars. De
cette manière la potasse absorbe l'acide carbonique de l'air et se transforme en carbonate. Les cendres sont ensuite lessivées à

l'eau, les liqueurs qui en proviennent sont évaporées et on a la potasse brute.

Dans les fabriques de potasse, la combustion des plantes s'opère dans des fours en briques réfractaires qui possèdent sous la grille un vaste cendrier pour recevoir les cendres.

Pour rendre la combustion plus parfaite, des conduits disposés autour de la base du four amènent l'air froid sous la grille.

La combustion ne doit être ni trop active ni trop lente. Trop de rapidité peut donner une perte d'alcali qui se volatilise sous une haute température, et trop de lenteur donne un résultat imparfait, une certaine quantité de matières n'étant pas brûlée. C'est au moyen des conduits qui amènent l'air froid sous la grille qu'on établit une combustion régulière.

Les cendres qui se forment tombent en poudre dans le cendrier ; lorsqu'on les retire on les étend sur le sol en couche de 10 centimètres d'épaisseur et on les remue de

temps en temps pour que la potasse con-
tenuè dans les cendres puisse, comme nous
l'avons déjà dit, se transformer en carbonate.

LESSIVAGE DES CENDRES.

Dans des bacs en forte tôle de 1,000
à 1,500 litres, possédant un double fond
de paille qui agit comme filtre et munis
à la partie inférieure de leur fond d'un
robinet qui sert à soutirer les lessives, on
entasse légèrement les cendres de manière
à les remplir aux 4/5. On verse ensuite
dessus une quantité d'eau telle qu'il y ait
sur les cendres une couche de liquide de
10 à 12 centimètres. Après 12 à 18 heures
on ouvre les robinets et on obtient une
lessive qui marque de 5° à 6° Beaumé.

En versant cette lessive sur de nouvelles
cendres, on obtient une nouvelle lessive de
10° à 12°.

Toutes les liqueurs marquant de 10° à 12°
sont évaporées dans une série de chau-

dières en fonte ou en tôle chauffée par le même foyer ; on remplace l'évaporation des chaudières par de nouvelles solutions, de manière que le niveau des liqueurs soit sensiblement le même, et lorsque les lessives sont devenues sirupeuses, on les concentre à siccité dans une chaudière montée sur un foyer à part.

Lorsque la matière est sèche et friable l'opération est terminée.

La potasse ainsi obtenue est de la potasse brute fortement colorée en brun.

Pour la blanchir ou la raffiner, on la porte dans un four à réverbère chauffé au blanc. Vers la fin de l'opération on élève la température au point de faire rougir le sel pour en expulser l'eau et détruire les matières colorantes.

La température ne doit pas être trop élevée, car la potasse éprouverait une sorte de vitrification qui lui enlèverait une partie de sa solubilité dans l'eau. Aussitôt que la potasse est blanche, on la retire du four ;

lorsqu'elle est bien réussie elle est légère, poreuse et fortement alcaline. Par ce raffinage on perd en moyenne 15 p. c.

On pourrait aussi faire bouillir les cendres dans une chaudière jusqu'à ce qu'on ait obtenu 12° et plus, laisser reposer et décanter; seulement, dans ce cas la potasse pourrait renfermer des sulfures.

On peut facilement remédier à cet inconvénient en transformant les sulfures en carbonates au moyen d'un excès de carbonate de chaux que l'on introduit dans la potasse pendant qu'on la raffine.

On a ainsi un oxisulfure peu soluble dans l'eau froide.

La chimie ayant reconnu dans les mélasses de betteraves de grandes quantités de sels de potasse, M. Dubrunfault a été assez heureux de doter l'industrie d'une méthode d'extraire la potasse des vinasses provenant de la distillation des mélasses de betteraves. Le produit qu'on obtient est un charbon léger, poreux, friable, qu'on appelle potasse brute. Son titre varie entre 20 et 50 degrés alcalimétriques.

Pour raffiner cette potasse, on en fait des lessives à froid ou à chaud, marquant 25 à 30° Beaumé, puis ces lessives sont évaporées jusqu'à ce qu'elles aient 45 degrés. On les verse ensuite bouillantes dans des bacs en tôle; au bout d'une huitaine de jours de repos, les différents sels neutres, parmi lesquels se trouve aussi une grande quantité de carbonate de soude, sont cristallisés et les eaux-mères sont très-riches en carbonate de potasse.

Ces eaux-mères sont ensuite concentrées jusqu'à consistance sirupeuse, puis jusqu'à ce qu'on obtienne une matière sèche et friable.

Pour l'avoir blanche, on la calcine ensuite dans un four à réverbère. Cette potasse ainsi préparée est d'un beau blanc et c'est la meilleure potasse de commerce.

CARACTÈRES DE LA POTASSE.

1° La potasse est complétement soluble dans l'eau ;

2° Elle a une saveur âcre et caustique très-prononcée ;

3° Elle se combine par la chaux aux corps gras et forme des savons complétement solubles dans l'eau ;

4° Exposée à l'air elle en attire l'eau et devient déliquescente ;

5° Combinée avec les acides sulfurique, azotique, chlorhydrique, elle forme des sels très-secs qui ont une forte saveur amère ;

6° La potasse, combinée avec les matières grasses en général, forme toujours des savons mous.

DIFFÉRENTES POTASSES EMPLOYÉES.

Les potasses du commerce sont celles d'Amérique, de Russie, de Toscane, de

Dantzig et principalement les potasses brutes et raffinées de betteraves.

COMPOSITIONS ORDINAIRES DE CES POTASSES.

Nous avons déjà dit que les potasses se composent de carbonate de potasse, de chlorure de potassium, de sulfate de potasse, de carbonate de soude, d'eau hygroscopique et de substances insolubles ; aussi donnons-nous dans les trois tableaux suivants les quantités de ces substances.

COMPOSITIONS.	POTASSE DE TOSCANE.	POTASSE DE RUSSIE.	POTASSE D'AMÉRIQUE ROUGE.	POTASSE D'AMÉRIQUE PERLASSE.	POTASSE DE BETTERAVE RAFFINÉE.	RAFFINÉE DE BETTERAVE 1re QUALITÉ.
Degrés alcalimétriques . . .	56.00	53.00	55.00	54.50	70.00	80.00
—	—	—	—	—	—	—
Carbonate de potasse . . .	74.10	69 61	68.04	71.38	76.44	88.73
Carbonate de soude	3.01	3.09	5.85	2.31	16.33	6.45
Chlorure de potassium . . .	0.95	2.09	8.15	3.64	4.16	1.01
Sulfate de potasse	13.46	14.11	15.32	14.38	1.20	2.27
Eau hygroscopique	7.28	8.82	»	4.56	0.60	1.40
Substances insolubles . . .	1.20	2.28	2.64	2.73	1.27	0.44
Total sur 100 kil. . .	100.00	100.00	100.00	100.00	100.00	100.00

COMPOSITIONS.	POTASSES BRUTES DE BETTERAVE, 1res QUALITÉS.					
Degrés alcalimétriques . . .	48.73	45.59	50.54	44.50	42.87	45.60
—	—	—	—	—	—	—
Carbonate de potasse . . .	54.60	54.10	52.30	50.50	50.50	49.80
Carbonate de soude	12.90	9.70	16.60	11.30	11.90	13.10
Chlorure de potassium . . .	14.50	16.70	15.70	16.80	16.40	16.00
Sulfate de potasse	5.50	2.90	4.00	2.80	2.90	2.50
Eau et matières insolubles . .	12.50	16.60	11.40	18.60	18.80	18.60
Total sur 100 kil. . .	100.00	100.00	100.00	100.00	100.00	100.00

COMPOSITIONS.	POTASSES BRUTES DE BETTERAVE, MAUVAISES.					
Degrés alcalimétriques . . .	38	40	34	36.50	35	37
—	—	—	—	—	—	—
Carbonate de potasse . . .	32.60	28.10	25.30	24.90	23.10	22.90
Carbonate de soude. . . .	18.10	24.30	18.70	21.90	22.00	23.80
Chlorure de potassium . . .	18.50	20.70	29.20	28.00	18.60	23.90
Sulfate de potasse	8.10	10.00	4.60	7.10	10.10	14.90
Eau et matières insolubles. .	22.70	16.90	22.20	18.10	26.20	14.50
Total pour 100 kil. . .	100.00	100.00	100.00	100.00	100.00	100.00

A l'inspection de ces tableaux on voit sur-le-champ la grande différence qui peut exister entre la bonté de deux potasses, et la nécessité pour le savonnier de ne les acheter qu'au poids du carbonate de potasse.

Si on achète au degré alcalimétrique, on peut être trompé et s'induire en erreur dans leur emploi ; car la soude titrant même plus que la potasse, on peut en acheter une renfermant autant de soude que de potasse et par suite manquer son savon.

Le premier tableau des potasses brutes nous donne une bonne potasse de $42°.87$, tandis que le second nous en donne une de $40°$, contenant presque autant de soude que de potasse et une de $37°$, renfermant plus de soude que de potasse.

En ne supposant donc chez le fabricant de potasses aucune idée de fraude, on voit que les degrés alcalimétriques pourraient simplement nous indiquer qu'il est prudent de n'acheter que des potasses ayant plus de 40 degrés alcalimétriques.

Il est donc indispensable au savonnier, non-seulement pour ses achats, mais aussi pour la sûreté de son travail, de connaître la composition de sa potasse et de savoir en faire l'analyse.

Une potasse brute qui ne renferme pas trop de chlorure et de sulfate peut être employée en hiver, lorsqu'elle renferme jusqu'à 18 p. c. de soude ou 1/3 du carbonate de potasse. Une raffinée 26 p. c.

Ainsi les potasses qui seraient composées comme suit pourraient s'employer seules sans soude :

COMPOSITIONS.	POTASSES BRUTES.	
Degrés alcalimétriques . .	—	—
Carbonate de potasse . . .	54.00	43.00
Carbonate de soude . . .	18.00	14.00
Chlorure de potassium . .	7.00	19.00
Sulfate de potasse	3.00	4.00
Eau et matières insolubles .	18.00	18.00
Total sur 100 kil. . .	100.00	100.00

En effet, en plein hiver on peut toujours employer avec une potasse raffinée 10 p. c soude et comme la potasse raffinée de bet-terave renferme souvent 16 p. c. soude, il en résulte que sur 84 kilogrammes carbonate de potasse, chlorure et sulfate, faisant abstraction de la petite portion insoluble, on emploie 26 kilos de soude. Comme on peut estimer en moyenne, dans ces potasses, les chlorure et sulfate à 5 kil., il s'en suit qu'avec 79 kilos carbonate de potasse, on emploie 26 kilos carbonate de soude, ou sur 1 kil. carbonate de potasse $\frac{26}{79} = 1/3$ de carbonate de soude et les $\frac{5}{7}$ en été.

Les meilleures potasses brutes ne renfer-mant que 54 p. c. de carbonate de potasse, on a pour le maximum de soude 18 p. c., et en été 38 p. c.

Passons maintenant aux effets des chlo-rures et des sulfates qui sont dans les potasses brutes.

MAXIMUM DE SELS NEUTRES, OU CHLORURE ET SUL-
FATE, QUE PEUVENT CONTENIR LES POTASSES
POUR ÊTRE TRAVAILLÉES SEULES.

L'expérience a démontré que pour employer une potasse seule elle ne peut contenir que 17 p. c. de chlorure ou 15 p. c.
de sulfate, et ces deux sels réunis ne peuvent
dépasser 23 p. c., c'est-à-dire 17 p. c. chlorure avec 6 p. c. sulfate ou 15 p. c. sulfate
avec 8 p. c. chlorure.

Le sulfate de potasse est plus nuisible
que le chlorure de potassium ; c'est pourquoi lorsqu'on travaille les potasses de
Russie ou d'Amérique, on est obligé de
laisser refroidir et reposer les lessives, ce
qui les débarrasse en grande partie de ce
sel qui se cristallise.

Une potasse brute ne peut donc être
employée seule que lorsqu'elle a tout au
plus 23 p. c. sels neutres avec 14 p. c.
soude.

TABLEAU DES QUANTITÉS DE POTASSES QU'IL FAUT EMPLOYER, D'APRÈS LEURS DEGRÉS ALCALIMÉTRIQUES, POUR FAIRE 100 KIL. SAVON.

Nous dirons d'abord qu'on entend par *poids pondéral*, ce que pèse, en potasse ou en soude pure, une quantité de potasse ou de soude du commerce.

Ainsi quand on dit que 68 est le poids pondéral de 100 kil. potasse, cela veut dire qu'il y a dans ces 100 kil., 68 kilos de potasse et de soude pures.

Or, lorsqu'on analyse un savon mou fait parfaitement, on trouve qu'il contient, sur 100 kil., de 9 kil. 50 à 10 kil. de potasse et de soude pures. C'est cette donnée qui va servir à dresser le tableau ci-dessous.

L'alcalimétrie donne, comme nous le verrons plus loin, pour poids pondéral un nombre de kilos égal au nombre de degrés alcalimétriques moins deux. Ainsi une potasse qui a 70° alcalimétriques renferme 68 kilogrammes de potasse pure. Il en résulte que si 68 kil. de potasse pure sont

9

donnés par 100 kil. potasse, 1 kil. pur sera donné par $\frac{100}{68}$ et 10 kil. purs ou la quantité nécessaire pour faire une tonne de savon sera donnée par $\frac{100}{68} = 15$.

Le tableau ci-dessous a été calculé de cette manière :

DEGRÉS ALCALIMÉTRIQUES DES POTASSES.	NOMBRE DE KILOS NÉCESSAIRES POUR FAIRE 100 KIL. SAVON.
95	10
90	11
85	12
80	13
75	14
70	15
65	16
60	17
55	19
50	21
45	23
40	25
35	30

MANIÈRE D'EMPLOYER UNE POTASSE TRÈS-MÉDIOCRE.

Pour celui qui connaît les maximums des

quantités dont peut se composer une potasse, et qui sait trouver la composition de la potasse qu'il veut employer, cela n'offre pas la moindre difficulté, et, aujourd'hui cependant, c'est encore une opération de tâtonnement dans la plupart des savonneries. Tâtonnements qui souvent causent beaucoup de retards, s'ils ne font manquer le savon.

Prenons, par exemple, une potasse de 42° alcalimétriques qui nous ait donné :

Carbonate de potasse. . . .	41.10
Carbonate de soude	16.70
Chlorure	18.10
Sulfate	6.20

Nous remarquons d'abord que cette potasse en hiver contiendrait de trop 3 p. c. de soude et qu'elle contient en trop 2 p. c. de chlorure. Il s'agit de remédier à ces défauts. Si à 100 kil. de cette potasse nous ajoutons, par exemple, 20 kil. ou 1/5 de

potasse raffinée, 1re qualité, nous avons
dans nos 20 kil. :

Carbonate de potasse. . . .	17.00
Carbonate de soude	1.30
Chlorure	0.50
Sulfate	0.45

Par suite la composition de nos 120 kil.
potasse sera :

Carbonate de potasse. . . .	58.10
Carbonate de soude	18.00
Chlorure	18.60
Sulfate	6.65

et 100 kil. renfermeront :

Carbonate de potasse. . . .	48.40
Carbonate de soude	15.00
Chlorure	15.50
Sulfate	5.50

Or, cette composition étant bonne, puisque nous ne dépassons aucun de nos maximums, nous avons résolu la question.

Si nous n'avions pas de bonnes potasses à notre disposition, voici ce que l'on pourrait faire.

On fait une lessive de potasse comme d'habitude, sans chaux; seulement on lui donne $28°$ à $30°$ Beaumé et arrivé à ce point, on laisse évaporer jusqu'à $38°$ ou $40°$. On laisse refroidir et reposer le tout pendant 2 ou 4 jours suivant la saison, et on décante ensuite. Cette lessive a subi ainsi un raffinage et a perdu la plus grande partie de ses sels. On la rechauffe ensuite et on la rend caustique.

9*

CHAPITRE II.

—

La soude ou protoxyde de sodium, que le commerce appelle carbonate, ne se trouve pas à l'état de pureté. Elle est toujours combinée avec le chlore ou avec les acides, surtout l'acide carbonique.

On peut obtenir la soude par l'incinération de certaines plantes qui croissent sur les bords de la mer.

La soude de Narbonne ou de salicor est produite par le salicornia annua, dont elle tire son nom. On coupe les plantes avant l'achèvement de leur végétation, on les dessèche et on les brûle. Les cendres donnent de 20 à 25 p. c. de carbonate de soude.

La soude d'Espagne appelée barille douce, s'obtient par la combustion du salsala soda, dans la province d'Alicante. Elle est dans le commerce en masse dure et compacte, d'une couleur gris cendré. Récemment préparée, sa cassure présente un grain fin et net. Sa saveur est alcaline sans être caustique.

Aujourd'hui on fabrique la soude en transformant, dans un four à réverbère, d'abord le chlorure de sodium ou sel marin en sulfate de soude au moyen de l'acide sulfurique. Puis, sous l'influence de la chaleur, on décompose le sulfate au moyen d'un mélange de carbonate de chaux et de charbon.

Le résultat est la soude brute, qui marque en moyenne 36° alcalimétriques.

Les fours à réverbères que l'on emploie sont divisés en deux compartiments.

Le compartiment le plus près du foyer est destiné à la fabrication de la soude brute ; le second compartiment est séparé du premier par un petit mur en briques ; dans le sol de ce compartiment, qui est formé d'un grès dur, on a creusé une concavité : c'est dans ce creux qu'on prépare le sulfate de soude, en faisant agir l'acide sulfurique sur le sel marin.

On met ordinairement dans la concavité 1,000 kil. sel marin et on verse dessus 1,600 kil. acide sulfurique à 50°.

Sous l'influence de la chaleur, la décomposition s'opère, l'acide hydrochlorique se dégage et l'acide sulfurique se combine avec la soude pour former le sulfate de soude.

Lorsque le dégagement de l'acide hydrochlorique est presque nul et que le mélange est devenu pâteux, le sulfate de soude est obtenu.

Pour l'avoir blanc, on élève la température du four jusqu'à ce qu'il soit sec et granulé. Cette fabrication est finie au bout de 3 à 4 heures.

On obtient ordinairement 113 kil. de bon sulfate de soude pour 100 kil. sel marin.

DU MÉLANGE.

Dans cette opération il s'agit de transformer le plus complétement possible le sulfate de soude en carbonate de soude. A cet effet, on force toujours les doses du carbonate de chaux et du charbon, ce qui donne encore l'avantage de rendre insoluble, le sulfure de calcium, par sa transformation en oxisulfure de cette base, qui est presque insoluble dans l'eau froide.

Les proportions les plus exactes données par la pratique sont :

Sulfate de soude calciné.   .   1,000 kil.
Carbonate de chaux très-sec   1,050 »
Charbon .   .   .   .   .   .   550 »

Ces matières sont pulvérisées ensemble et lorsque le mélange est complet, on l'introduit dans le four chauffé au rouge blanc et on l'étend le plus possible. Lorsque la réaction commence à s'opérer, le mélange se ramollit, s'agglutine et certaines parties commencent à fondre.

Pour activer la formation de la soude, on remue alors le tout avec des râbles en fer et on entretient un feu vif et soutenu.

Plus l'opération avance, plus on remue le mélange ; elle approche de la fin, lorsque le tout est en fusion et que la matière incandescente lance des jets de lumière qui brûlent avec une flamme blanche ou bleuâtre. Ces flammes en diminuant indiquent la transformation du sulfate de soude en carbonate.

Lorsqu'elles diminuent on ralentit l'action du feu pour que rien de la soude ne se volatilise, et lorsqu'elles n'ont presque plus d'intensité, on retire du four la matière fondue et incandescente et on la reçoit dans de forts bacs carrés en tôle de 15 à 20 centimètres de profondeur sur 1 mètre de large.

Lorsque la soude est refroidie on la retire des bacs et on la casse en fragments. Elle a alors l'aspect gris-cendré et n'exhale aucune odeur.

Nous donnons à la page suivante l'exemple d'une cuite, avec ses prix approximatifs :

Sulfate de soude, 7,000 kilogrammes à
12 fr. les 100 kilogr. . . fr. 840 00
Carbonate de chaux, 7,350 kil.
à 50 cent. les 100 kilogr. . . 37 75
Houille en poudre, 3,500 kilogr.
à fr. 2-25 les 100 kilogr. . . 78 75
Houille pour combustible, 4,000
kilogr. à 2 fr. les 100 kilogr. . 80 00
Main-d'œuvre 25 00
Frais généraux 30 00
____
Fr. 1,094 50

Le produit étant de 10,000 kilogr. soude
brute de 36° alcalimétriques, on voit que
100 kilogr. coûtent fr. 10-90.

Prix ordinaire de revient en France et en
Belgique.

Pour raffiner cette soude on en fait des
lessives à froid ou à chaud de 25° à 28° que
l'on concentre à siccité.

Ou bien on concentre jusqu'à 35° à 36°,
on verse dans des bacs en tôle d'une contenance de 25 à 30 litres, on laisse cristal-

liser et on incinère ces cristaux dans un four à reverbère pour avoir un produit bien sec et bien blanc. Cette soude a alors de 80° à 92° alcalimétriques, 1,000 kil. soude brute donnent 400 kil. de raffinée à 80°.

CARACTÈRES DE LA SOUDE.

1° Complétement soluble dans l'eau ;

2° Saveur caustique très-prononcée ;

3° Se combine au moyen de la chaux aux corps gras et forme des savons solubles dans l'eau ;

4° Exposée à l'air elle se dessèche et devient efflorescente ;

5° Avec les acides sulfurique, azotique, chlorhydrique, elle forme des sels hygrométriques, ayant une saveur salée ;

6° La soude produit toujours des savons durs qui se séparent complétement de l'excès de lessive alcaline.

DIFFÉRENTES SOUDES EMPLOYÉES.

Il y a dans le commerce la soude brute

douce que nous venons de décrire, la soude brute salée et la soude raffinée.

La soude brute salée ne s'emploie que dans les savons blancs et la soude raffinée est toujours employée pour les savons mous.

La différence qu'il y a entre les deux soudes brutes, c'est que la seconde renferme une grande quantité de sel ou chlorure de sodium.

COMPOSITIONS.	SOUDE BRUTE DOUCE.	SOUDE BRUTE SALÉE.	SOUDE RAFFINÉE.
Carbonate de soude . . .	64.80	45.00	86.20
Sulfate de soude	2.00	5.00	»
Chlorure de sodium . . .	12.00	35.00	»
Sels étrangers.	1.00	2.00	»
Eau	10.37	7.20	13·80
Matières insolubles . . .	9.83	5.80	»
Total sur 100 kil. . .	100.00	100.00	100.00
Degrés alcalimétriques . .	38°	27°	85°

La soude pure chimiquement se compose de :

100 kil. $\begin{cases} 74.77 \text{ sodium.} \\ 25.83 \text{ oxygène.} \end{cases}$

10

La soude hydratée ou la soude pure du commerce se compose de :

$$100 \text{ kil.} \left\{ \begin{array}{l} 77.49 \text{ soude pure.} \\ 22.51 \text{ eau.} \end{array} \right.$$

Mais comme la soude absorbe toujours de l'acide carbonique, on a trouvé que 55 kil. soude pure, biens secs, absorbent 45 kil. acide carbonique, d'où il résulte que :

$$55 \text{ kil. soude} = \left\{ \begin{array}{l} 55 \text{ kil. soude} \\ 45 \text{ » acide carb.} \end{array} \right. = 100 \text{ kil. carbonate.}$$

La soude étant toujours hydratée et 77 kil. 49 contenant toujours 22 kil. 51, un kilo en contient $\frac{2251}{7749}$ et 55 kil. en contiendront 16.

Nous avons donc que :

$$100 \text{ kil. carbonate sec deviennent} \left\{ \begin{array}{l} 55 \text{ kil. soude.} \\ 45 \text{ » acide carbon.} \\ 16 \text{ » eau.} \end{array} \right.$$

ou 116 kil. du commerce, d'ou :

$$\begin{array}{l} 100 \text{ kil. carbonate du commerce} \\ \text{ou soude} \end{array} = \left\{ \begin{array}{l} 86.20 \text{ carbon.} \\ 13.80 \text{ eau.} \end{array} \right.$$

———

CHAPITRE III.

—

Les potasses ayant une valeur proportionnelle à la quantité de potasse pure ou de carbonate de potasse qu'elles renferment et la connaissance des autres sels qu'elles contiennent étant de la plus haute importance pour certaines industries, on a recherché les moyens de déterminer la valeur vénale d'une potasse ainsi que sa composition. Cette recherche s'appelle analyse et se désigne sous le nom d'alcalimétrie.

Pendant longtemps, pour les savonniers, l'aréomètre Beaumé a servi de point de comparaison; mais comme il n'y a aucun rapport entre le degré d'une lessive et sa richesse en alcali pur ou carbonaté, puisque ce degré peut être dû à la présence des sels neutres, sulfate et chlorure, qui se trouvent presque toujours dans les potasses et les soudes du commerce, on ne parvenait pas, au moyen de cet instrument, à déterminer, même approximativement, la quantité d'alcali pur contenu dans une potasse ou une soude.

Le principe de l'alcalimétrie est fort simple. Il repose sur la précieuse propriété que possèdent la potasse et la soude de se combiner avec l'acide sulfurique et de former des sulfates neutres de ces bases. Cet acide porte directement et uniquement son action sur l'alcali libre ou carbonaté et n'a aucune action sur les autres sels que l'alcali essayé peut contenir.

Cette méthode que nous allons décrire est due à Gay-Lussac.

Indiquons d'abord les objets nécessaires aux essais :

1° Un tube gradué qu'on appelle alcalimètre. Ce tube a 25 centimètres de longueur, sur 16 millimètres de diamètre intérieur. Il est divisé de haut en bas en 100 parties égales, et comme la contenance de ce tube est de 50 grammes ou 50 centimètres cubes, chaque division ou degré représente 1/2 gramme ;

2° Une pipette de la contenance de 50 centimètres cubes ;

3° Une éprouvette à pied qui jusqu'à un trait marqué contienne un demi-litre, pour la dissolution de la potasse ;

4° Un verre à pied de 50 à 100 centimètres cubes, pour y mettre une pipette d'alcali ;

5° Une baguette de verre pour remuer la dissolution de potasse ;

6° Un mortier pour pulvériser l'échantillon de potasse ;

7° Une petite balance avec un poids de 5 grammes ;

8° Un petit flacon de tournesol ;

9° Du papier de tournesol ;

10° Un flacon à l'émeri pouvant au moins contenir un litre, pour conserver la liqueur alcalimétrique ;

10*

11° Un flacon pour conserver le chlorure de barium.

Pour déterminer la quantité de potasse pure contenue dans une potasse du commerce, on prend d'une part une quantité d'acide sulfurique non concentrée, divisée en 100 parties, et d'une autre part une quantité d'alcali telle que, si elle était pure, elle saturât exactement les 100 parties d'acide.

Le nombre de parties d'acide employé donne le titre de la potasse.

A cet effet on prend 5 grammes d'acide sulfurique concentré et on les étend d'une quantité d'eau telle que le mélange occupe 100 demi-centimètres cubes.

Or, pour saturer un équivalent d'acide sulfurique hydraté, ou 612 gr. 5, il faut un équivalent de potasse pure ou 590 ; par conséquent pour saturer les 100 centièmes de notre mélange, ou 5 grammes, il faut prendre une quantité de potasse donnée par la proportion $\frac{612,5}{590} = \frac{5}{x}$, d'où $x = 4,816$.

Si on cherche maintenant le nombre
de centièmes d'acide qui sont saturés par
4 gr. 816 d'une potasse quelconque, ce
nombre représente le nombre de kilogrammes de potasse pure qui est contenue dans 100 kilogrammes de cette potasse.

Ce poids s'appelle degré alcalimétrique
pondéral.

Comme la recherche sur une si petite
quantité que 4 gr. 816 est très-sujette à
erreur, dans la pratique on opère sur
48 gr. 10 ou dix fois cette quantité et on
prend le 1/10 du résultat.

PRÉPARATION DE L'ACIDE SULFURIQUE DEVANT SERVIR AUX ESSAIS,

appelé aussi acide normal et plus généralement liqueur
alcalimétrique.

On prend un flacon d'un peu plus d'un
litre et on marque par un trait gravé sur le
verre, juste la capacité d'un litre. On le
remplit aux 2/3 d'eau distillée ou d'eau de

pluie filtrée et on verse dedans 100 grammes d'acide sulfurique concentré (66°). On a soin pendant cette opération de remuer le mélange, pour que le développement de chaleur produit par l'acide ne fasse pas éclater le flacon. On achève de remplir le flacon avec de l'eau jusqu'au trait marqué.

Après quelques heures, le tout s'étant refroidi, le volume du liquide a diminué et on y remet un peu d'eau pour qu'il couvre exactement le trait d'un litre.

Cette liqueur bien bouchée est mise de côté et sert aux expériences.

PRÉPARATION DU PAPIER DE TOURNESOL.

Pour cela on dissout à froid ou à chaud quelques morceaux de tournesol dans un peu d'eau et on étend cette teinture sur du papier de poste ou du papier bien collé. Une couche ou deux suffit pour donner au papier une teinte bleu foncé.

Pour faire maintenant l'essai alcalimétrique, on prend 48 gr. 10 de la potasse à ana-

lyser et après l'avoir bien broyée on la jette
dans l'éprouvette que l'on remplit d'eau jusqu'au trait marqué d'un demi-litre. On remue
bien avec une baguette de verre et lorsque
tout est bien dissout, on laisse reposer.
Lorsque la liqueur est bien claire on en
prend une pipette ou 50 grammes que l'on
verse dans un verre à pied et on bleuit cette
portion de liquide au moyen d'un ou deux
morceaux de tournesol.

SATURATION.

On prend ensuite l'alcalimètre et on le
remplit jusqu'au zéro d'acide normal, on
verse ensuite lentement avec l'alcalimètre
l'acide dans la dissolution de potasse qui se
trouve dans le verre à pied, on a soin pendant ce temps de remuer avec un agitateur
en verre, afin que l'effervescence de l'acide
ne fasse pas déborder le verre.

On continue ainsi jusqu'à ce que la dissolution passe au rouge vineux. Arrivé à ce
point, on ne verse plus qu'avec précaution

jusqu'à ce que le liquide passe à la couleur pelure d'oignon. On trace alors sur du papier blanc un trait avec une baguette de verre mouillée dans la liqueur du verre à pied et lorsque ce trait est rouge vif et persistant, l'opération est achevée.

Le nombre de divisions d'acide employées indique le titre de la potasse. Comme la dissolution de potasse de l'éprouvette peut servir à dix opérations, on en fait quelques-unes pour s'assurer que l'on n'a point fait d'erreur.

Afin de faciliter encore l'opération, au lieu de peser 48 gr. 10, on opère sur 50 gr. et le titre que l'on obtient alors est le titre alcalimétrique ordinaire ou de Descroizilles.

Pour passer du titre ordinaire au titre pondéral, Gay-Lussac a dressé une table que nous donnerons plus loin et dans laquelle nous remarquerons que l'on passe approximativement du degré ordinaire au degré pondéral, en diminuant le degré ordinaire de 1.50 depuis 35° à 46°, en diminuant de 2 de 46° à 60°, en diminuant de 2 1/2 de 60° à 70°, en diminuant de 3 de 70° à 85°.

On peut trouver dans le commerce des potasses caustiques, des potasses carbonatées et des potasses bicarbonatées.

On reconnaît de la manière suivante, tout en faisant l'essai alcalimétrique à quelle potasse on a à faire.

Si la potasse est caustique, la dissolution d'épreuve passera à la fin de la saturation au bleu et immédiatement après à la couleur pelure d'oignon.

Si la potasse est carbonatée, elle passera aux $\frac{11}{20}$ de sa saturation au rouge vineux, puis ensuite à la couleur oignon.

Si la potasse est bicarbonatée, elle passera au 1/20 de sa saturation au rouge vineux, puis ensuite à la couleur pelure d'oignon.

On peut donc déterminer par ce moyen la causticité d'une potasse.

En effet, si une potasse ne passe au rouge vineux qu'aux $\frac{15}{20}$ de sa situration, il en résulte que la différence entre $\frac{15}{20}$ et $\frac{11}{20} = \frac{4}{20} = 1/5$ donne la potasse caustique contenue dans la potasse carbonatée.

Nous savons jusqu'à présent la quantité de potasse pure contenue dans la potasse et en évaporant notre résidu nous saurons aussi la quantité de matières insolubles. De même en pesant quelques grammes de potasse en les séchant complétement, nous pourrons connaître la quantité d'eau.

Il nous faut donc encore trois choses :

1° Sulfate de potasse ;

2° Carbonate de soude ;

3° Chlorure de potassium.

Pour trouver le sulfate de potasse d'une potasse, nous nous servons dans l'alcalimètre d'une liqueur d'épreuve faite avec le chlorure de barium, comme suit :

Dans un flacon de plus d'un litre et marqué d'un trait à la capacité d'un litre, on introduit 248 gr. 435 de chlorure de barium cristallisé et séché à l'air et on remplit d'eau le flacon jusqu'au trait.

Ou bien on met 100 gr. chlorure dans 375 gr. 13 d'eau.

La densité de cette liqueur doit être 1.1812.

Ayant mis dans le verre à pied une pipette de dissolution de potasse, on remplit l'alcalimètre de liqueur de barium.

Avant cela on ajoute à la dissolution de potasse de l'acide nitrique ou chlorhydrique, exempte d'acide sulfurique, pour qu'elle rougisse sensiblement le papier de tournesol, puis on cherche son titre avec le chlorure de barium. S'il a fallu, par exemple, $12°$ de chlorure, cela veut dire que la quantité de sulfate contenu dans la potasse renfermait $12°$ de potasse pure. Or, par des calculs que nous donnerons plus loin, on trouve que pour donner $12°$ de potasse, il faut 22 kil. 19 de sulfate de potasse.

Si la potasse avait donc donné $45°$ alcalimétriques, son vrai titre de potasse serait :

$45°$ à l'état de carbonate.

$12°$ à l'état de sulfate.

Total $57°$ ou 55 p. c. pondéral.

11

Nous devons trouver maintenant le carbonate de soude.

A cet effet on place dans le verre à pied une pipette de la dissolution de potasse, et on sature l'alcali par un léger excès d'acide hyperchlorique. On évapore, et le produit desséché est ensuite traité par l'alcool concentré.

Si l'hyperchlorate est tout à fait insoluble dans l'alcool, la liqueur ne renferme que de la potasse ; s'il y est en partie soluble et en partie insoluble, la liqueur renferme de la potasse et de la soude. Connaissant la proportion d'hyperchlorate de potasse insoluble, on trouve par une simple soustraction l'hyperchlorate de soude, par suite le rapport entre la potasse et la soude.

Si ce rapport est comme 1 est à 5, nous savons que la soude forme le 1/5 du poids pondéral.

Le chlorure se trouve par différence ou en faisant un précipité avec le nitrate d'argent.

Lorsqu'on cherche le sulfate de potasse au moyen de la dissolution de chlorure de barium, le titre est obtenu, lorsque la dissolution en tombant dans la potasse ne forme plus de nuage.

VALEURS ÉQUIVALENTES.

CARBONATE DE SOUDE.	SOUDE HYDRATÉE.	SOUDE CAUSTIQUE.
1	0,75	0,59
5	3,77	2,93
10	7,55	5,87
15	11,32	8,81
20	15,11	11,74
25	18,88	14,68
30	22,65	17,61
35	26,42	20,56
40	30,20	23,48
45	33,96	26,41
50	37,75	29,35
55	41,52	32,28
60	45,30	35,22
65	49,07	38,16
70	52,85	41,09
75	56,62	44,02
80	60,40	46,96
85	64,17	49,90
90	67,95	52,83
95	71,72	55,76
100	75,50	58,70

VALEURS ÉQUIVALENTES.

DEGRÉ PONDÉRAL.	DEGRÉ Alcalimétrique.	CARBONATE DE POTASSE.	POTASSE HYDRATÉE.
34	35.37	49.87	40.48
35	36.41	51.34	41.67
36	37.45	52.80	42.86
37	38.49	54.27	44.05
38	39.53	55.74	45.24
39	40.57	57.20	46.43
40	41.61	58.67	47.62
41	42.65	60.14	48.81
42	43.69	61.60	50.00
43	44.73	63.07	51.20
44	45.77	64.54	52.39
45	46.81	66.00	53.58
46	47.85	67.47	54.77
47	48.89	68.94	55.96
48	49.93	70.40	57.15
49	50.97	71.87	58.34
50	52.01	73.34	59.53
51	53.05	74.80	60.72
52	54.09	76.27	61.91
53	55.13	77.74	63.10
54	56.17	79.20	64.29
55	57.21	80.67	65.48
56	58.25	82.14	66.67
57	59.29	83.60	67.86
58	60.33	85.07	69.05
59	61.37	86.54	70.25
60	62.41	88.00	71.44
61	63.45	89.47	72.63
62	64.49	90.94	73.82
63	65.53	92.40	75.01

11*

VALEURS ÉQUIVALENTES.

DEGRÉ PONDÉRAL.	DEGRÉ Alcalimétrique.	CARBONATE DE POTASSE.	POTASSE HYDRATÉE.
64	66.57	93.87	76.20
65	67.61	95.34	77.39
66	68.65	96.80	78.58
67	69.69	98.27	79.77
68	70.73	99.74	80.96
69	71.77		82.15
70	72.81		83.34
71	73.85		84.53
72	74.89		85.72
73	75.93		86.91
74	76.97		88.10
75	78.01		89 29
76	79.05	N'existe plus.	.90.49
77	80.09		91.68
78	81.13		92.87
79	82.17		93.07
80	82.21		94.27
81	83.25		95.47
82	84.29		96.67
83	85.33		97.87
84	86.37		98.07
85	87.41		99.27

VALEURS ÉQUIVALENTES.

DEGRÉ PONDÉRAL.	DEGRÉ Alcalimétrique.	SULFATE DE POTASSE.	CHLORURE DE POTASSIUM.
1	1.04	1.85	1.58
2	2.08	3.70	3.16
3	3.12	5.55	4.74
4	4.16	7.40	6.32
5	5.20	9.25	7.90
6	6.24	11.10	9.49
7	7.28	12.95	11.07
8	8.32	14.80	12.65
9	9.36	16.65	14.23
10	10.40	18.50	15.81
11	11.44	20.35	17.39
12	12.48	22.19	18.97
13	13.52	24.04	20.55
14	14.56	25.89	22.13
15	15.60	27.74	23.71
16	16.64	29.59	25.29
17	17.68	31.44	26.87
18	18.72	33.29	28.46
19	19.76	35.14	30.04
20	20.80	36.99	31.62
21	21.84	38.84	33.20
22	22.88	40.69	34.78
23	23.92	42.54	36.36
24	24.96	44.39	37.94
25	26.00	46.24	39.52
26	27.04	48.09	41.10
27	28.08	49.94	42.68

MANIÈRE DE DÉTERMINER LA CAUSTICITÉ DES
POTASSES ET DES SOUDES.

Supposons qu'on veuille reconnaître la quantité de potasse caustique d'une potasse du commerce.

Nous avons déjà dit comment en alcalimétrant on pouvait reconnaître la causticité d'une potasse ; cependant par la méthode suivante on peut trouver en même temps la quantité de sels neutres des potasses.

On prend un échantillon de 50 grammes et après les avoir bien réduits en poudre, on en prend 20 grammes qu'on introduit dans un flacon d'un quart de litre environ. Cela fait on verse dans le flacon 80 ou 100 grammes d'alcool concentré (90° à 92°) et on agite souvent le mélange, afin de faciliter la dissolution de l'alcali. On laisse reposer quelques heures, on décante la liqueur claire qui surnage le dépôt ; ce dépôt est lavé avec une nouvelle quantité d'alcool de 15 à 20 grammes, qu'on réunit, après filtration, à la première liqueur.

Les liqueurs alcooliques tiennent en dissolution tout l'alcali pur caustique de la potasse essayée ; le dépôt cristallin qui se forme au fond du flacon est composé de la potasse carbonatée et des sulfates et chlorures, sels que l'alcool concentré laisse intacts.

On évapore rapidement les liqueurs alcooliques dans une capsule de porcelaine ; à la fin on élève la température jusqu'au rouge naissant, pour fondre l'alcali qu'on laisse ensuite refroidir dans la capsule. On obtient ainsi une matière blanche qui est l'alcali caustique renfermé dans les 20 grammes soumis à l'expérience.

Il résulte aussi de cette méthode qu'en rendant tout à fait caustique un échantillon de potasse, on peut trouver la somme des chlorures et sulfates.

TROUVER LA COMPOSITION D'UNE LESSIVE EN POTASSE ET EN SOUDE.

A cet effet, comme pour l'analyse d'une potasse, on prend une pipette de 50 grammes de lessive et on la soumet à l'action de l'acide hyperchlorique, on évapore et on traite par l'alcool concentré.

POTASSE A L'ALCOOL.

Lorsqu'une potasse caustique a été puri-fiée par l'alcool, comme pour trouver la causticité d'une potasse, on l'appelle potasse à l'alcool.

MÉTHODE POUR TROUVER LA RICHESSE D'UNE LESSIVE DE POTASSE OU DE SOUDE.

A cet effet, on verse dans un verre à pied une pipette ou 50 grammes de lessive à essayer. D'un autre côté on prend l'alcali-mètre que l'on remplit jusqu'à zéro de li-queur alcalimétrique et on verse lentement l'acide dans le verre à pied. Arrivé au point de saturation de l'alcali, point où la lessive rougit le tournesol, l'opération est terminée.

Pour établir maintenant le rapport exact qui existe entre le degré alcalimétrique d'une lessive et l'alcali pur qu'elle contient nous avons la proportion $\frac{100}{4.816} = \frac{60}{x}$ pour la potasse, en supposant que nous ayons trouvé 60° alcalimétriques.

D'où $x = \frac{4.816 \times 60}{100} = 2$ gr. 889 potasse pondérale. Multipliant cette quantité par 20, nous avons 58 grammes de potasse pure dans un litre ou 1,000 grammes de lessive.

Pour la soude on remplace 4 gr. 816 par 3 gr. 160. Ainsi 58 grammes potasse ne valent que 39 grammes soude.

*Tableau indiquant, pour chaque degré de l'alcali-
mètre, combien un litre de lessive renferme de
potasse pure.*

DEGRÉS Alcalimétr.	POTASSE pure.	DEGRÉS Alcalimétr.	POTASSE pure.	DEGRÉS Alcalimétr.	POTASSE pure.
1	0,96	26	24,96	51	48,96
2	1,92	27	25,92	52	49,92
3	2,88	28	26,88	53	50,88
4	3,84	29	27,84	54	51,84
5	4,80	30	28,80	55	52,80
6	5,76	31	29,76	56	53,76
7	6,72	32	30,72	57	54,72
8	7,68	33	31,68	58	55,68
9	8,64	34	32,64	59	56,64
10	9,60	35	33,60	60	57,60
11	10,56	36	34,56	61	58,56
12	11,52	37	35,52	62	59,52
13	12,48	38	36,48	63	60,48
14	13,44	39	37,44	64	61,64
15	14,40	40	38,40	65	62,60
16	15,36	41	39,36	66	63,56
17	16,32	42	40,32	67	64,52
18	17,28	43	41,28	68	65,48
19	18,24	44	42,24	69	66,44
20	19,20	45	43,20	70	67,40
21	20,16	46	44,16	71	68,36
22	21,12	47	45,12	72	69,32
23	22,08	48	46,08	73	70,28
24	23,04	49	47,04	74	71,24
25	24,00	50	48,00	75	72,20

*Tableau indiquant, pour chaque degré de l'alcali-
mètre, combien un litre de lessive renferme de
soude pure.*

DEGRÉS Alcalimétr.	SOUDE pure.	DEGRÉS Alcalimétr.	SOUDE pure.	DEGRÉS Alcalimétr.	SOUDE pure.
1	0,64	31	19,84	61	39,68
2	1,28	32	20,48	62	40,32
3	1,92	33	21,12	63	40,96
4	2,56	34	21,76	64	41,60
5	3,20	35	22,40	65	42,24
6	3,84	36	23,04	66	42,88
7	4,48	37	23,68	67	43,52
8	5,12	38	24,32	68	44,16
9	5,76	39	24,96	69	44,80
10	6,40	40	25,60	70	45,44
11	7,04	41	26,24	71	46,08
12	7,68	42	26,88	72	46,72
13	8,32	43	27,52	73	47,36
14	8,96	44	28,16	74	48,00
15	9,60	45	28,80	75	48,64
16	10,24	46	29,44	76	49,28
17	10,88	47	30,08	77	49,92
18	11,52	48	30,72	78	50,56
19	12,16	49	31,36	79	51,20
20	12,80	50	32,00	80	51,84
21	13,44	51	33,28	81	52,48
22	14,08	52	33,92	82	53,12
23	14,72	53	34,56	83	53,76
24	15,36	54	35,20	84	54,40
25	16,00	55	35,84	85	55,04
26	16,64	56	36,48	86	55,68
27	17,28	57	37,12	87	56,32
28	17,92	58	37,76	88	56,96
29	18,56	59	38,40	89	57,60
30	19,20	60	39,04	90	58,24

12

CHAPITRE IV.

La chaux ou oxyde de calcium est la combinaison du calcium et de l'oxygène.

La chaux ne se trouve pas à l'état de pureté dans la nature, on la trouve en combinaison avec l'acide sulfurique, sous le nom de plâtre ; avec l'acide silicique sous le nom de silicates de chaux et avec l'acide carbonique elle forme tous les carbonates de chaux, craie, blanc d'Espagne et de Meudon, marbres, calcaire lithographique, spath d'Islande, albâtre, stalactites et stalagmites, pierres à bâtir, pierres à chaux.

Dans l'industrie, on prépare la chaux en calcinant le carbonate naturel, pierre à chaux, dans des fours. Pendant la cuisson, l'acide carbonique se dégage et on obtient la chaux.

Suivant la pureté du carbonate de chaux employé, on obtient deux espèces de chaux. La chaux maigre et la chaux grasse ; la première, qui ne se délite que difficilement dans l'eau, n'est que rarement employée pour les savons ; la seconde, qui ne renferme que quelques centièmes de matières étrangères et qui se combine parfaitement avec l'eau, est toujours employée.

Transformée en chaux éteinte, elle donne une légère poudre blanche, d'une saveur caustique qui change en vert la plupart des couleurs bleues végétales et ramène au bleu la teinture de tournesol rougie par un acide.

La chaux éteinte renferme le 1/4 de son poids d'eau. La chaux récemment fabriquée est blanche ou un peu colorée si le carbonate renferme de l'oxyde de fer. La chaux vive exposée à l'air en attire l'eau et l'acide carbonique, de manière qu'à la longue elle redevient carbonate de chaux et perd ses propriétés.

On doit donc employer autant que possible de la chaux nouvellement calcinée et si on doit en faire provision, on doit la conserver avec soin dans des réservoirs fermant hermétiquement ou dans des tonneaux exactement fermés.

En versant de l'eau sur de la chaux éteinte, on obtient souvent une température de 350° centigrades et on forme ce que l'on nomme lait de chaux.

La densité de la chaux est variable suivant la matière qui a servi à sa fabrication.

En moyenne elle a une densité de 2,4.

ANALYSE DE LA CHAUX.

Cette analyse consiste à rechercher : 1° si elle est bien cuite, et 2° son degré de causticité.

Pour reconnaître si une chaux est bien cuite, on en trempe un morceau dans l'eau, après une ou deux minutes d'immersion on l'expose à l'air et si la chaux est bonne, elle éclate et se fendille en tombant en poudre.

CAUSTICITÉ DE LA CHAUX.

Pour vérifier si une chaux est entièrement caustique, on en prend quelques grammes dans un verre à pied et on verse dessus de l'acide nitrique. Si la chaux se dissout dans l'acide sans dégager de l'acide carbonique, elle est complétement caustique. S'il y a effervescence, c'est qu'il y a du carbonate de chaux non rendu caustique, et d'après le plus ou moins de dégagement, on juge du degré de causticité.

De même que la potasse et la soude, plus une chaux est caustique plus elle est avantageuse.

Dans cet état, elle a plus d'effet sur les carbonates de potasse et de soude.

EAU DE CHAUX.

On appelle eau de chaux, l'eau saturée de chaux vive.

Des expériences répétées prouvent que 1,000 parties d'eau dissolvent 1 partie de chaux et cette petite quantité donne à l'eau une réaction alcaline très-prononcée. Quelques chimistes donnent pour l'eau de chaux 1/770.

L'eau de chaux donne un moyen sûr de reconnaître la causticité des lessives de potasse et de soude.

COMBINAISON DE LA CHAUX AVEC LES ALCALIS.

La chaux possédant la double propriété d'enlever l'acide carbonique à ses composés et de former avec cet acide un carbonate de chaux insoluble, il en résulte qu'il transforme en alcali caustique les carbonates de potasse et de soude.

En effet, toutes les fois qu'on met au contact de l'eau, un carbonate de potasse ou de soude en présence de la chaux vive, il s'opère une double décomposition.

L'acide carbonique du carbonate alcalin soluble se combine avec la chaux, vers laquelle il est attiré par une attraction plus puissante, et il en résulte un carbonate de chaux insoluble qui se précipite. L'alcali devenu libre reste en dissolution dans la liqueur, à l'état d'hydrate, et constitue la lessive caustique.

Quant à la quantité de chaux à employer, cette quantité varie suivant la richesse alcalimétrique des potasses ou des soudes.

Théoriquement, pour un équivalent de potasse ou de soude, il suffit d'un équivalent de chaux.

Dans la pratique pour activer la réaction on ajoute 1/5 de chaux en plus.

Exemple : supposons qu'une potasse nous ait donné 46° alcalimétriques, pondéral. Il faudra alors employer théoriquement 46 kilogrammes de chaux et dans la pratique $46 + \frac{46}{5} = 55$ kilos chaux.

Si nous avions 70°, il faudrait employer 70 ou 84 kilos chaux pour que le carbonate alcalin soit complétement décomposé.

CHAPITRE V.

—

L'eau est un composé d'oxygène et d'hydrogène, sans couleur, sans saveur ni sans odeur. Sa densité est 1 et sert d'unité pour la densité des corps solides et liquides. Son équivalent est 112,5.

Un centimètre cube d'eau à 4° centigrade, maximum de densité, égale un gramme.

L'eau se congèle à 0° et bout à 100° dans un vase métallique, la pression étant 0^m.76.

Nous avons à la surface de la terre l'eau de pluie (assez pure) et l'eau de rivière, de source, de puits (moins pures).

L'eau de pluie et après celle-ci les eaux fluviales bien déposées sont les meilleures pour faire les lessives; les eaux calcaires qui tiennent en dissolution du carbonate et du sulfate de chaux, donnent lieu à une perte plus au moins grande d'alcali.

La quantité d'eau joue aussi un rôle important ; car il est démontré qu'il y a perte d'alcali lorsque la potasse ou la soude n'est pas dissoute dans 7 à 8 fois son poids d'eau.

ANALYSE DE L'EAU.

$$L'eau = \begin{cases} 88.91 \text{ oxygène,} \\ 11.09 \text{ hydrogène.} \end{cases}$$

Outre l'oxygène et l'hydrogène, l'eau contient en moyenne 0 gr. 32 de matières ou substances nuisibles par litre d'eau potable :

Carbonate de chaux. . . .	0 gr. 21
Sulfate de chaux ⎫ Sulfate de magnésie ⎭ . .	0 gr. 01
Chlorure de calcium ⎫ Chlorure de soude ⎬ . . Chlorure de magnésie ⎭	0 gr. 08
Silice	0 gr. 02
Total. . .	0 gr. 32

Le carbonate de chaux ou le bicarbonate se décèle dans l'eau en faisant bouillir ce liquide, la moitié de l'acide carbonique se dégage et l'eau se trouble par le dépôt du carbonate neutre de chaux. Ou bien il se forme un précipité blanc lorsqu'on y verse l'oxalate d'ammoniaque. C'est à la présence du carbonate de chaux dans l'eau que l'on doit les dépôts considérables que l'on trouve dans les chaudières des machines à vapeur. On empêche la formation de ces croûtes en mettant de l'argile dans les chaudières.

Les sulfates de chaux, de magnésie ou de soude, se décèlent dans l'eau par le précipité blanc qui s'y produit par le chlorure de barium, précipité qui est insoluble dans l'acide nitrique.

C'est le sulfate de chaux qui empêche la cuisson des légumes. On en dépouille l'eau en y introduisant un peu de carbonate de soude ou de potasse.

La présence des chlorures se démontre par le précipité blanc qui s'y forme en y ajoutant du nitrate d'argent, insoluble dans l'acide nitrique, mais soluble dans l'ammoniaque.

Dans les arts on trouve aussi l'eau oxygénée qui contient beaucoup plus d'oxygène O^2 au lieu de O et qui sert à nettoyer les tableaux.

Cette eau a une saveur styptique peu stable ; à la température ordinaire de 15° à 20°, elle perd de nouveau la moitié de son oxygène.

On peut préparer cette eau en chauffant du bioxyde de barium avec de l'acide chlorhydrique ; il se dégage de la vapeur qui refroidie donne l'eau oxygénée.

PRÉPARATION GÉNÉRALE DES LESSIVES.

On chauffe ordinairement dans une chaudière de 40 à 50 hectolitres 25 à 30 hectolitres d'eau, on pousse vivement le feu pour faire bouillir rapidement l'eau.

A mesure qu'elle chauffe on y ajoute successivement environ 400 kilogrammes de potasse raffinée du commerce, ou un plus grand nombre si on emploie un mélange de potasse brute

On accélère la dissolution en agitant continuellement le mélange avec un râble.

Lorsque tout est fondu et qu'on est arrivé à une solution qui marque 20 à 22 degrés à l'aréomètre Baumé, cela fait environ 23° à 25° froid. On commence par y introduire la chaux.

De 40 à 70 p. c. du poids de la potasse, suivant les saisons et la composition des brassins de savon.

On peut employer la chaux de deux manières :

1° La jeter dans la lessive en nature comme on l'obtient ;

2° La verser dans la chaudière sous forme de lait de chaux.

Dans la seconde manière on éteint la chaux avec le double de son poids d'eau et on verse ce liquide lentement et par petites portions dans la liqueur maintenue à l'ébullition.

On remue constamment pour maintenir la chaux en suspension et l'empêcher de s'attacher sur le fond de la chaudière. Toute la chaux étant introduite, on laisse encore bouillir pendant une heure ou deux avant de retirer le feu du fourneau.

Par cette opération on décompose une plus grande quantité de carbonate de potasse et la lessive caustique se clarifie plus rapidement par le refroidissement.

Quoi qu'il en soit, la plupart des fabricants, pour la facilité du travail, emploient la première méthode ; il suffit d'ajouter la chaux avec prudence pour que l'effervescence ne fasse pas déborder la chaudière. Quelquefois on est obligé, préalablement, de retirer le feu du fourneau.

SOINS A OBSERVER POUR LA CONSERVATION DES LESSIVES.

Lorsque la lessive est achevée, on couvre soigneusement la chaudière pour éviter que la potasse absorbe l'acide carbonique de l'air. Par le repos la liqueur se clarifie et on la décante avec un siphon ou un poêlon.

Lorque la lessive est décantée, il n'est pas moins indispensable de couvrir avec soin les réservoirs qui renferment les lessives ; outre l'avantage d'éviter qu'une partie de l'alcali caustique passe à l'état de carbonate, on conserve les lessives toujours propres.

On peut aussi, pour éviter le contact de l'air, verser sur les lessives une légère couche d'huile.

MANIÈRE DE RECONNAITRE SI UNE LESSIVE EST TROP FAIBLE OU TROP FORTE EN CHAUX.

Lorsqu'une lessive est trop faible en chaux, le savon ne se coagule ou ne se concrète jamais. Lorsqu'il est clair, il se dépose sur l'épreuve sans cohésion, comme de l'huile, et pendant son refroidissement il a l'air d'être entremêlé de lessive.

Pour remédier à ce défaut, il faut sur-le-champ employer d'autre lessive très-caustique ; quelquefois même, on ajoute préalablement un peu d'huile au brassin.

Ou bien si ce défaut se présente en été on y remédie en ajoutant au savon de 10 à 15 p. c. de suif qui rend de la fermeté.

Si l'on aperçoit un peu de ce défaut vers la fin du brassin, on peut, lorsqu'il est achevé, répandre dans la chaudière 1/2 kilo de fécule par 100 kil. de savon et quelquefois moins.

Lorsque la lessive a trop de chaux, elle reste claire lorsqu'on y ajoute de l'eau de chaux. Le savon bout alors en se concrétant inégalement ; il découle ensuite de la spatule en masses blanchâtres épaisses et raides. On obvie à ce défaut par de la lessive non caustique.

MANIÈRE DE VÉRIFIER SI UNE LESSIVE EST ENTIÈREMENT CAUSTIQUE.

On reconnaît qu'une lessive est entièrement caustique, lorsqu'elle ne se trouble pas en y ajoutant de l'eau de chaux. Dans ce cas, comme nous venons de le voir, elle a trop de chaux pour les savons mous.

On peut encore employer le moyen suivant :

On prend une petite quantité de lessive
dans un verre à pied et l'on y ajoute de
l'acide nitrique en léger excès.

Si la lessive est complétement caustique,
il ne doit pas se produire d'effervescence,
car elle serait due au dégagement de l'acide
carbonique.

Le premier moyen est cependant mathématiquement plus exact.

MANIÈRE DE DÉSINFECTER ET DE DÉCOLORER UNE
LESSIVE.

Si la lessive contient des matières grasses,
pour la séparer de ces corps, on la passe
sur un vieux marc de potasse et de chaux
déjà épuisé à l'eau ; on pourrait aussi la fil-
trer sur du sable.

La lessive étant filtrée, on la verse dans
une chaudière et lorsque le mélange commence à bouillir, on ajoute 4 kilogrammes
de chaux éteinte par hectolitre de lessive.

Après l'introduction de la chaux, on ajoute un kilo de noir animal par 100 litres lessive et on laisse bouillir pendant quelques heures, en ayant soin de remuer de temps en temps pour maintenir les matières en suspension dans la lessive. Sous l'influence d'une haute température, la matière grasse, qui pourrait encore être tenue en dissolution dans la lessive, se combine avec une partie de la chaux, pour former un savon calcaire insoluble qui se précipite; l'autre partie de la chaux se porte directement sur le carbonate de potasse ou de soude, qu'elle transforme en potasse ou soude caustique, tandis que le carbonate de chaux se précipite. Enfin le noir animal agit comme désinfectant et décolorant.

Après un jour de repos on peut décanter la partie éclaircie.

Supposons que nous ayons une potasse de 50 degrés alcalimétriques, cela nous donne, d'après notre tableau, 48 kilos pondéral. Et par suite nous savons qu'il faudra 21 kilos de cette potasse pour faire 100 kil. de savon.

Mais en moyenne 100 kil. de savon exigent 145 litres de lessive à 22°; nous dirons donc :

21 kilos potasse donnent 145 litres; donc

1 kilo donne $\frac{145}{21}$ et

100 kil. donneront $\frac{145 \times 100}{21} = 690$ litres

SOINS DE PROPRETÉ.

Lorsque avec la lessive on se fait des taches sur les habits de drap ou d'étoffe, il faut immédiatement, pour les faire disparaître, les laver avec de l'ammoniaque.

Lorsque par suite du contact de la lessive on a les mains rocailleuses et difficiles à nettoyer, il suffit de les laver dans de l'eau de javelle pour avoir la peau propre et souple.

TROISIÈME PARTIE.

CHAPITRE PREMIER.

DES CORPS GRAS, LEURS CARACTÈRES LEURS COMPOSITIONS.

On appelle en général corps gras, des matières d'origine végétale ou animale ; les premières sont nommées huiles et on donne aux secondes les noms de suif, de graisse, d'axonge.

Selon leur provenance, ces substances sont liquides ou solides.

Ce sont des corps, gras au toucher, tachant le papier d'une manière permanente et translucide, brûlant avec flamme fuligineuse, insolubles dans l'eau, solubles dans l'éther et les essences.

Toutes les substances grasses sont formées en général de stéarine, de margarine et d'oléine, unies à une base particulière appelée glycérine.

Les corps gras se décomposent entre 300° et 400° en donnant divers produits, entre autres un principe d'une odeur et d'une saveur désagréables, appelé acroléine.

Ce dernier principe s'obtient de la glycérine, liquide de consistance sirupeuse, incolore, inodore, d'une saveur sucrée de 2,28 de densité, se combinant aux acides et ne subissant pas la fermentation alcoolique.

COMBINAISONS CHIMIQUES AVEC LES ALCALIS.

Les corps gras se dédoublent sous l'action des alcalis en acides gras qui s'unissent à la base (savons) et en un nouveau corps neutre (glycérine).

Sous l'influence des oxydes alcalins, ces substances en se dédoublant se transforment en acides stéarique, margarique et oléique ; dans cette réaction la base alcaline se substitue à la glycérine pour former avec les acides gras du stéarate, du margarate et de l'oléate de potasse ou de soude, selon qu'on a employé l'un ou l'autre de ces alcalis.

HUILES EN GÉNÉRAL, LEURS DENSITÉS.

Comme nous l'avons dit, les huiles sont des corps liquides; presque toutes les huiles sont spécifiquement plus légères que l'eau; leurs densités varient entre 0,919 et 0,970.

Dans toute huile la stéarine est le principe des savons solides, et l'oléine celui des savons mous; il en résulte que pour la fabrication des savons mous, les huiles les plus limpides et les plus épurées dites de première pression sont celles qui donnent les plus beaux savons.

HUILES SICCATIVES ET HUILES GRASSES.

Les huiles qui s'épaississent à l'air et se sèchent en retenant leur brillant sont appelées huiles siccatives. On augmente considérablement cette propriété en les faisant bouillir avec de la litharge ou avec du manganèse. Pour les savons on ne peut employer que le manganèse, la litharge donnant des sels de plomb noirâtres.

Les autres huiles qui n'ont pas cette propriété sont désignées sous le nom d'huiles grasses.

Ainsi les huiles de lin, d'œillette, de chanvre, de noix sont siccatives, et les huiles d'olive, de colza, de navette, de caméline, d'arachide, de sésame, de coton, de faine, non siccatives.

HUILES CHAUDES ET HUILES FROIDES.

La température ayant une grande influence sur les savons mous, la fabrication d'été diffère, pour la composition des brassins et des lessives, de celle d'hiver.

Il en est résulté qu'on a divisé les huiles en huiles froides et en huiles chaudes.

Les huiles chaudes sont celles de lin, de caméline, de chanvre, d'œillette, de noix, de faine, parce qu'elles ne sont congélables qu'à une température au-dessous de zéro, de 15° à 25°. Ces huiles sont donc généralement employées en hiver, parce que leur limpidité n'est pas sensiblement modifiée par la température la plus froide de nos climats. Il s'ensuit que le savon qui en provient conserve toute sa transparence et ne devient pas ce que l'on appelle blanc.

Les huiles froides sont celles de baleine, de poisson, de coton, de navette, de sésame, d'oléine, d'arachide, de colza, parce qu'elles se congèlent à zéro ou à quelques degrés au-dessous de zéro.

Ces huiles sont avantageuses en été, et, mélangées en proportions convenables avec les premières, elles donnent de la consistance au savon.

Nous verrons cependant plus loin comment on peut travailler l'hiver comme l'été de grandes quantités d'huiles froides.

14

CHAPITRE II.

—

LES DIFFÉRENTES HUILES EMPLOYÉES, LEURS CARACTÈRES, LEURS DENSITÉS.

Comme nous venons déjà de le voir en partie, on emploie en savonnerie les huiles de lin, de caméline, de chanvre, d'œillette, de noix, de faine, de colza, d'arachide, de navette, de coton, d'oléine, de sésame, de palme, de coco, de résine, d'olive, de baleine, de poisson, etc.

L'huile de lin a une couleur jaune brun, sa densité est 0,939 à 12° et 0,930 à 25° : saveur douce d'amandes ; ne se congèle qu'à 27° au-dessous de zéro ; peu soluble dans l'alcool. L'ammoniaque s'unit à elle et forme un tout homogène très-lié et très-uni. Elle forme avec la potasse de beaux savons mous et par la soude ne forme jamais des savons durs. Elle est siccative et chaude.

L'huile de caméline a la propriété de rendre le savon plus mousseux ; elle est jaunâtre, inodore, insipide ; sa densité est 0,925 ; elle se congèle entre 18° et 27° au-dessous de zéro. C'est une huile chaude non siccative qui, avec la soude, ne forme jamais des savons complétement durs. Elle est assez soluble dans l'alcool.

L'huile de chanvre ou de chènevis est très-siccative ; elle est jaune verdâtre ; ne se congèle qu'entre 18° et 27° au-dessous de zéro et a une densité de 0,925.

L'huile de chanvre est assez soluble dans l'alcool et ne forme jamais des savons solides.

L'huile d'œillette est blanc jaunâtre, inodore et d'un goût d'amande assez prononcé ; elle est assez soluble dans l'alcool et très-soluble dans l'éther. Sa densité est de 0,925. Elle ne forme pas des savons solides. Cette huile est siccative.

L'huile de noix est une huile siccative, qui a 0,928 de densité ; elle est assez soluble dans l'alcool ; c'est une huile froide qui se congèle à 10° au-dessous de zéro, l'ammoniaque l'épaissit légèrement et la grumèle.

L'huile de faine a une couleur ambrée, inodore ; saveur douce ; non siccative ; sa densité est de 0,922 et se congèle à 17° au-dessous de zéro. Elle est assez soluble dans l'alcool.

L'huile de colza est d'un jaune pâle ; son odeur et sa saveur sont désagréables ; sa densité est de 0,913 et se congèle à 6°. Elle n'est pas siccative ; elle est peu soluble dans l'alcool froid, mais très-soluble dans le même liquide chaud. Cette huile renferme une portion notable de soufre. L'ammoniaque l'épaissit beaucoup et la grumèle peu. Avec la soude elle forme un savon sans consistance et d'une mauvaise odeur.

L'huile d'arachide est incolore et inodore, sa densité est de 0,913 ; insoluble dans l'alcool, soluble en grande partie dans l'éther ; se congèle à 3°. Elle est non siccative.

L'huile de navette est non siccative, a une densité de 0,912 et se congèle à 3° ; très-soluble dans l'alcool.

L'huile de coton est une huile froide non siccative; qui se congèle à 2°; sa couleur est rouge brun.

L'huile d'oléine a une couleur brun foncé; sa densité est de 0,900 à 0,940, se congèle à 5° et s'épaissit à 10° au-dessus de zéro. Non distillée elle a peu d'odeur. Distillée elle a une odeur très-prononcée d'huile pyrogénée et empyreumatique.

L'oléine distillée ne peut donner des savons durs, tandis que l'oléine saponifiée donne de beaux savons durs sans odeur sensible; c'est un moyen certain de les reconnaître.

On traite un kilo de l'acide oléique dont on veut déterminer la qualité par 1 litre de lessive caustique de sel de soude à 30 degrés et on fait bouillir modérément le mélange pendant trois ou quatre heures; après avoir retiré la chaudière du feu, on sépare le savon de l'excès de lessive, et après avoir bien nettoyé la chaudière, on y verse un quart de litre d'eau que l'on porte à l'ébullition et dans laquelle on fait fondre le savon ; quand il est bien fondu et qu'il présente l'apparence d'une pâte homogène, on le coule dans une petite mise où on le laisse séjourner un jour.

A l'inspection seule, on reconnaît si le savon provient d'une huile saponifiée ou d'une huile distillée. Dans le premier cas, le savon est dur et homogène; dans le second, le savon est sans cohérence et a une forte odeur.

L'oléine porte aussi le nom d'huile de suif.

Souvent elle contient 5 p. c. d'eau. Pour reconnaître cette fraude, on chauffe une dizaine de kilogrammes de l'oléine à essayer à la température de 50 à 60 degrés, et on l'abandonne au repos pendant quelques heures. Si l'acide oléique contient de l'eau, celle-ci se précipite au fond du vase et on en détermine la quantité.

L'oléine est très-soluble dans l'alcool.

L'huile de sésame est blanche ou d'une

couleur légèrement ambrée, non siccative, d'une densité de 0,923 ; se congèle à 5° et est insoluble dans l'alcool.

L'huile de palme naturelle a une couleur d'un jaune orangé très-vif ; au contact de l'air cette couleur blanchit. A la température ordinaire l'huile de palme a une consistance butyreuse. Lorsqu'elle est fraîche elle a une odeur forte et aromatique ; cette odeur s'altère avec le temps. L'huile de palme entre en fusion à 30° centigrades et à 38° lorsqu'elle est très-vieille. Cette huile pure est complétement dissoute par l'éther acétique. Elle forme de beaux savons avec la potasse et la soude. Avec la potasse elle forme un savon mou, d'un beau jaune et translucide.

L'huile de palme mélangée avec l'oléine ou la résine en atténue considérablement l'odeur. Elle rend la couleur de ce savon plus vive et plus claire.

L'huile de coco ou beurre de coco est d'une blancheur éclatante et d'une consistance onctueuse assez ferme. Nouvelle elle a une odeur agréable qui rancit ensuite. Elle entre en fusion de 15° à 20°. Elle se combine en toute proportion avec les lessives de soude sans se séparer. Cette huile peut donner de très-grands rendements, car elle absorbe bien les sels neutres.

L'huile de résine ou huile de sapin est une-huile siccative d'un jaune doré d'une densité de 0,925 et qui se congèle à 19°. Elle peut s'employer dans les savons. On l'emploie spécialement dans les vernis et les couleurs.

L'huile d'olive, assez soluble dans l'alcool, est soluble à parties égales dans l'éther.

L'ammoniaque forme avec elle une pâte blanche très-unie.

Elle a 0,919 de densité et se congèle à 5°.

Elle n'est employée dans les savons mous que par suite d'avaries, mais ses fonds s'emploient sous le nom d'huile de recense.

L'huile de baleine qu'on emploie en

savonnerie a une couleur brune ; sa densité est de 0,927 et elle se congèle à 0°.

Elle est insoluble dans l'alcool et a peu d'odeur.

L'ammoniaque l'épaissit un peu.

L'huile de baleine de la mer du Sud est généralement employée en Allemagne.

Les huiles de poisson ont une forte odeur, ont une densité de 0,927 et se congèlent à 0°. On peut leur ôter l'odeur en les agitant avec un lait de chaux.

Huile de morue a une couleur noire verdâtre et a 0,93 pour densité.

L'huile de lard comme le blanc de baleine se saponifie difficilement. Lorsqu'on veut l'employer, il faut, la veille de la cuite, la faire bouillir avec une lessive légère de 10° à 15° et la laisser reposer jusqu'au lendemain ; sur quoi la solution a lieu de suite.

CAUSES QUI INFLUENT SUR LES DENSITÉS DES HUILES.

Une huile siccative en absorbant l'oxygène de l'air devient plus pesante.

Plus la température s'élève, plus la densité diminue.

Une huile ancienne qui a quelquefois déposé de sa stéarine est aussi plus légère.

Enfin les huiles qui renferment encore des matières mucilagineuses parce qu'elles ne sont pas complétement déposées, ont une densité plus grande que ces mêmes huiles pures.

Il est donc également important dans une savonnerie d'avoir des réservoirs à huiles fermant fort bien, afin que les huiles ne s'épaississent pas en absorbant l'air. Dans les grandes fabriques on les conserve dans des citernes en maçonnerie, complétement imperméables à l'humidité. Dans les autres on les conserve dans des tonneaux, dans des cuves en bois doublées intérieurement de plaques de fer-blanc étamées et soudées ensemble à l'étain pur, ou dans des cylindres en fer.

Compositions de quelques huiles en oléine et stéa-rine, et en carbonne, hydrogène et oxygène.

NOMS DES HUILES.	CARBONE.	HYDROGÈNE.	OXYGÈNE.	OLÉINE.	STÉARINE.
Olive	77,21	13,36	9,43	72	28
Poisson	79,65	14,35	6,00	65	35
Saindoux	79,09	11,16	9,75	62	38
Suif de bœuf. . .	77,00	12,30	10,70	30	70
Suif de mouton . .	78,99	11,71	9,30	20	80
Oléine.	80,94	11,36	7,70	»	»
Lin.	76,01	11,35	12,64	»	»
Noix	79,77	10,57	9,12	»	»
Stéarine	80,14	12,48	7,38	»	»
Colza	»	»	»	54	46
Navette	»	»	»	54	46
Moelle de bœuf . .	»	»	»	24	76
Moelle de mouton .	»	»	»	74	26
Beurre d'été . . .	»	»	»	60	40
Beurre d'hiver . .	»	»	»	35	65

Tableau des rendements des huiles.

NOMS DES HUILES.	COULEUR DU SAVON.	QUANTITÉ DE SAVON MOU PAR 100 KIL.	QUANTITÉ DE SAVON DUR PAR 100 KIL.
Lin . . .	Jaune brun .	235	158
Chanvre .	Vert . . .	245	170
Colza . .	Jaune . . .	240	166
Navette . .	Blanc . . .	240	166
Coton . .	Brun rouge .	230	150
Oléine . .	Brun gris . .	250	175
Caméline .	Jaune pâle. .	240	166
OEillette .	Jaune clair .	235	155
Baleine . .	Brun gris . .	240	166
Poisson . .	Brun rouge .	235	155
Faine . .	Brun gris . .	235	158
Saindoux .	Blanc . . .	240	166
Suif . . .	Blanc . . .	250	175
Résine . .	Jaune d'or . .	270	»

Tableau des densités à l'oléomètre Lefebvre et à l'alcoomètre Gay-Lussac 15°.

NOMS DES HUILES.	DENSITÉS à l'oléomètre.	POIDS de l'hectolitre.	DENSITÉS à l'alcoomètre.
Oléine	9003	90,03	66
Olive	9170	91,70	58 2/5
Lin	9350	93,50	50
Chanvre	9270	92,70	53 2/3
Colza d'hiver . .	9150	91,50	60 1/5
Colza d'été . . .	9167	91,67	60 1/5
Navette d'hiver . .	9154	91,54	60 3/5
Navette d'été . .	9157	91,57	60 3/5
Caméline . . .	9282	92,82	54 3/4
Arachide. . . .	9170	91,70	»
OEillette	9253	92,53	55 1/4
Noix	9283	92,83	54 2/5
Baleine	8840	88,40	»
Baleine filtrée . .	9240	92,40	55 4/5
Morue	9270	92,70	»
Faine.	9207	92,07	56
Sésame	9235	92,35	»

15

Tableau des congélations des huiles et de leurs solubilités dans l'alcool et l'éther.

NOMS DES HUILES.	DEGRÉS DE CONGÉLATIONS.	SOLUBILITÉ DANS 100 P. ALCOOL.	SOLUBILITÉ DANS 100 P. ÉTHER.
Baleine	0°	2.75	95
Poisson	0°	2.25	95
Coton.	2°	»	»
Arachide. . . .	3°	»	»
Navette	3°	1.70	92
Oléine	5°	3.22	»
Sésame	5°	»	»
Colza.	6°	1.70	92
Olive	5°	1.70	93
Noix	10°	2.25	95
Faine.	17°	»	»
OEillette	18°	1.70	95
Chanvre	18°	2.50	97
Caméline. . . .	18°	1.70	93
Madia.	25°	»	»
Lin	27°	2.75	97
Moutarde . . .	10°	2.25	92

REMARQUE.

1.70 veut dire soluble complétement dans 59 fois son poids d'alcool.

2.50 veut dire dans 40 fois, etc...

MANIÈRE DE RECONNAITRE SI UNE HUILE EST MÉLANGÉE AVEC DE L'HUILE DE RÉSINE.

A cet effet on introduit dans un tube gradué ou non, 10 grammes ou centimètres cubes de l'huile à vérifier et on verse dessus un poids égal d'alcool concentré de 90° à 95° centésimaux, puis on agite vivement. On abandonne le mélange au repos pendant quelque temps, après l'avoir bouché, et dès que l'huile s'est séparée et que l'alcool qui a pris le dessus s'est éclairci, on peut voir si l'huile a diminué de volume; dans ce dernier cas, c'est un indice qu'elle était mélangée d'huile de résine, car cette dernière est complétement soluble dans l'alcool, tandis que les autres peuvent, vu la petite quantité, être considérées comme insolubles. On décante l'alcool ou le mélange avec de l'eau, la résine se précipite, on la sèche et on la pèse.

CHAPITRE III.

—

ANALYSE DES HUILES PAR L'AMMONIAQUE, L'ACIDE
HYPONITRIQUE ET LE CHLORE, D'APRÈS FAURÉ.

Les falsifications nombreuses que l'on fait
souvent subir aux diverses huiles livrées au
commerce et les difficultés que l'on éprouve
à constater les mélanges, nous engage à
donner ici les moyens que plusieurs chimistes ont donnés pour les découvrir.

Pour faire les expériences avec l'ammoniaque, on emploie un tube en verre de
15 centimètres de longueur sur 14 millimètres de diamètre et fermé à l'un des
bouts, et on y mélange toujours l'huile avec
1/10 de son poids d'ammoniaque.

L'acide hyponitrique dont on se sert est
formée par 3 parties acide nitrique à 25° et
1 partie acide hyponitrique ordinaire; dans
les expériences on mélange 3 parties de cet

15*

acide avec 100 parties huile. Ainsi 3 gram.
avec 100 gram. ou 0 gr. 30 avec 10 gram.

Avec l'huile d'olive, l'ammoniaque forme
une pâte blanche très-unie.

L'acide hyponitrique préparé la solidifie
en 60 minutes.

L'huile d'œillette avec l'ammoniaque se
grumèle sans presque s'épaissir.

L'acide hyponitrique préparé ne la concrète pas.

L'ammoniaque avec l'huile de colza ou
de navette, ne la grumèle que peu et l'épaissit beaucoup.

L'acide hyponitrique la concrète en moins
de six heures.

Le chlore gazeux ne la colore pas.

L'ammoniaque grumèle fortement l'huile
de caméline.

L'acide hyponitrique ne la solidifie point.

Le chlore gazeux la décolore un peu.

L'huile de baleine avec l'ammoniaque
s'épaissit un peu.

L'acide hyponitrique ne la solidifie pas.

Le chlore gazeux la colore en brun noirâtre.

L'huile de chanvre est fortement grumelée par l'ammoniaque.

L'acide hyponitrique ne la soldifie qu'après un contact très-prolongé.

L'huile de noix, l'ammoniaque l'épaissit légèrement et la grumèle.

L'acide hyponitrique ne la concrète pas.

L'huile de lin avec l'ammoniaque forme un tout homogène très-lié et très-uni.

L'acide hyponitrique ne la solidifie point.

On peut ainsi essayer toutes les huiles.

Ces différents caractères font reconnaître les mélanges.

Supposons de l'huile de lin à laquelle on ait mélangé de l'huile de chanvre.

Cette huile soumise à l'ammoniaque donnera un résultat grumelé et d'autant plus qu'il y aura de l'huile de chanvre.

Si on y avait mélangé de l'huile de baleine, un courant de chlore gazeux la ferait reconnaître.

Si à l'huile de colza on avait ajouté de l'huile de caméline, l'acide hyponitrique mettrait plus de 6 heures pour la solidifier.

Ce retard est de 15 minutes pour 1/20 ⎞
       de 67   »   » 1/10 ⎬ de mélange.
et plus de 5 heures pour 1/15 ⎠

Si à l'huile de colza on avait ajouté de l'huile de moutarde, l'ammoniaque, au lieu de former une pâte blanc de lait, formerait une pâte de couleur jaunâtre.

Si à l'huile de colza ou de navette on avait ajouté des huiles de poisson, le chlore les ferait reconnaître.

Ainsi, en faisant passer un courant de chlore pendant 8 à 10 minutes dans un flacon contenant l'huile soumise à l'expérience, ce gaz y développera une couleur foncée qui, lorsque le flacon est bouché, après quelques heures, se foncera au point de devenir noire; tandis que l'huile ne sera pas sensiblement colorée si elle est de nature végétale. On peut apprécier, par ce moyen, 1/100 d'huile de poisson mêlé à l'huile de colza.

Enfin si à l'huile de lin, on avait ajouté de l'huile de navette ou de colza, l'acide hyponitrique en soldifiant une partie du mélange donnerait la proportion d'huile ajoutée, vu qu'il est sans effet sur l'huile de lin.

Nous allons donner maintenant, en un tableau, les réactions chimiques sur les principales huiles données par l'ammoniaque, l'acide hyponitrique et le chlore.

Par la méthode d'analyse de Chateau, nous donnerons toutes les huiles.

TABLEAU DES RÉACTIONS

d'après

NOMS DES HUILES.	AVEC L'AMMONIAQUE.	
	COULEUR.	CONSISTANCE ET ASPECT.
Lin.	Jaune foncé.	Épais uni.
Chanvre.	Jaune.	Épais grenu.
Caméline.	Jaune.	Peu épais grenu.
OEillette.	Jaune pâle.	Peu épais très-grenu
Noix.	Blanc gris.	Épais grenu.
Colza.	Blanche.	Épais grenu.
Navette.	Blanche.	Épais grenu.
Moutarde.	Jaune.	Épais uni.
Olive.	Jaune.	Épais uni.
Baleine.	Jaune.	Épais uni.
Morue.	Jaune foncé.	Épais grenu.
Poisson.	Orange.	Épais grenu.

CHIMIQUES SUR LES HUILES,

FAURÉ.

AVEC L'ACIDE HYPONITRIQUE.			CHLORE GAZEUX
COULEUR.	SOLIDIFIÉE APRÈS		COULEUR.
	HEURES	MINUT.	
Rose pâle.	»	»	Verdie.
Jaune.	11	36	Peu décolorée.
Jaune.	»	»	Pas de changem[t].
Jaune clair.	»	»	Décolorée.
Jaune clair.	»	»	Pas de changem[t].
Jaune pâle.	5	54	Pas de changem[t].
Jaune pâle.	6	15	Pas de changem[t].
Jaune foncé.	7	20	Un peu verdie.
Blanc verdâtre.	1	4	Décolorée.
Jaune.	5	18	Brun noirâtre.
Orange.	»	»	Brun noirâtre.
Orange foncé.	»	»	Brun noirâtre.

ANALYSE DES HUILES PAR L'ACIDE SULFURIQUE D'APRÈS MAUMENÉ.

A cet effet, on pèse 50 grammes d'huile dans un verre à pied, on y met le thermomètre, on agite un instant et on note la température. On prend ensuite une pipette de 10 centimètres cubes ou 18,5 grammes d'acide sulfurique concentré (66°) et on laisse couler l'acide lentement au fond de l'huile. On prend ensuite le verre de la main gauche et avec la droite on agite le thermomètre dans l'huile. Aussitôt que le mélange est complet et l'huile devenue brune, on remue encore doucement le thermomètre et on prend la température. Pour cela il ne faut qu'une minute. Le mercure se tient au moins pendant une demi-minute à sa hauteur maximum et redescent lentement. Cette hauteur maximum termine l'opération.

L'huile d'olive donne 42° d'augmentation.

»	de colza	»	58°	»
»	de navette	»	57°	»

L'huile de faine donne 65° d'augmentation.

»	d'arachide	»	67°	»
»	de sésame	»	68°	»
»	de chanvre	»	98°	»
»	de résine	»	43°	»
»	d'œillette	»	86°4	»
»	d'oléine	»	41° à 43°	»
»	de noix	»	101°	»
»	de poisson	»	103°	»
»	de lin	»	133°	»

Cette augmentation de température est un phénomène bien défini, très-facile à observer et ne demandant que quelques minutes.

Comme ce phénomène reste constant après le mélange des huiles, il sert aussi à les découvrir.

Ainsi :

$$100 \text{ gr. olives donnent } 2 \times 42° = 84°$$
$$50 \text{ gr. œillette } \qquad 86°4 = 86°4$$

d'où 150 gr. $\qquad\qquad$ 170°4

et $\quad$ 50 gr. ou le 1/3 $\qquad$ 58°8

nombre que l'on trouve par l'expérience.

16

Pour opérer sur l'huile de noix, de poisson ou de lin, on prend de l'acide sulfurique contenant 1/10 d'eau, parce que l'acide concentré élevant la température à plus de 100° avec accompagnement de fort dégagement d'acide sulfureux, l'accroissement de température est trop variable.

Quinze grammes d'huile de lin, avec 5 grammes d'acide, ont donné une augmentation de température de 75°, et le même acide avec l'huile de navette a redonné 57°.

On remarquera que les huiles siccatives donnent plus de chaleur que celles non siccatives.

Pour obtenir toujours les mêmes résultats il faut que les circonstances soient les mêmes.

On doit mélanger l'huile et l'acide avec la même rapidité et employer les mêmes vases ou des vases de même grandeur et de même épaisseur.

En opérant avec le plus grand soin, on peut obtenir des différences de 1° à 2°, et il faut autant que possible faire 4 ou 6 opérations et prendre la moyenne.

ANALYSE DES HUILES PAR UNE SOLUTION DE SOUDE CAUSTIQUE.

A cet effet on prend une solution du poids spécifique de 1.340.

On ajoute ensuite un volume de la liqueur d'épreuve à 5 volumes d'huile, on mélange bien le tout, puis on chauffe jusqu'au point d'ébullition. On obtient ainsi les colorations suivantes :

NOMS DES HUILES.	COLORATIONS FONCÉES.	COLORATIONS LÉGÈRES.
Lin.	Fluide jaune.	»
Chanvre.	Epaisse jaune brun.	»
Baleine.	Rouge.	»
Poisson.	Rouge.	»
Olive.	»	Jaune.
OEillette.	»	Blanc jaunâtre.
Navette.	»	Epaisse blanc jaunâtre.
Noix.	»	Epaisse blanc jaunâtre.
Lard.	»	Blanc rosé.
Sésame.	»	Blanc.

La soude caustique est principalement utile pour distinguer les huiles de poisson des autres huiles, à raison de la couleur rouge foncé que prennent les premières, couleur tellement caractéristique qu'on peut découvrir, comme avec le chlore, 1/100 de mélange.

Toutes ces opérations peuvent se faire en cinq minutes.

ANALYSE DES HUILES PAR LA POTASSE CAUSTIQUE A L'ALCOOL.

Cette méthode est utile pour reconnaître la présence d'une huile crucifère, colza, navette, caméline, moutarde, etc..., dans tout autre espèce d'huile.

A cet effet, on fait bouillir dans une capsule de porcelaine 25 à 30 grammes d'huile à analyser avec une solution de 2 grammes de potasse caustique à l'alcool dans 20 gr. d'eau distillée.

Après quelques minutes d'ébullition, on jette le mélange sur un filtre préalablement mouillé.

L'eau alcaline qui s'en écoule, mise en contact avec un papier imprégné d'acétate de plomb ou de nitrate d'argent, dénote à l'instant la présence du soufre, que renferme toujours les huiles crucifères.

Si on fait bouillir dans une capsule d'argent, la coloration en noir de celui-ci est immédiate et très-appréciable et décèle l'huile de cruçifère.

ANALYSE GÉNÉRALE DES HUILES D'APRÈS CHATEAU.

Cette méthode d'analyse est la plus complète ; aussi passerons-nous en revue toutes les huiles de la savonnerie.

Les autres méthodes pourront être prises, au besoin, pour des cas particuliers.

Les réactifs employés dans les opérations sont :

1° L'acide sulfurique du commerce, 3 à 4 gouttes dans 10 ou 15 gouttes d'huile, le tout dans un verre de montre ;

2° Le bichlorure d'étain fumant du commerce ;

merce ;

16*

3° L'acide phosphorique sirupeux, **une** dissolution d'acide phosphorique anhydre. On le prend chez le droguiste ;

4° Le chlorure de zinc sirupeux, une dissolution de chlorure de zinc sec. On peut le préparer en saturant l'acide chlorhydrique par l'oxyde de zinc, en évaporant à sec la solution et faisant une dissolution aqueuse du produit désséché ;

5° Le pernitrate de mercure. On prépare ce réactif en faisant dissoudre à chaud du mercure dans de l'acide azotique pur.

La liqueur mercurielle doit être acide, c'est-à-dire qu'elle doit rougir la teinture de tournesol ;

6° Le bisulfure de calcium. C'est une dissolution de foie de soufre du commerce.

On fait bouillir un mélange de lait de chaux et de soufre en fleur. Au bout de 1/2 heure on filtre. Il est bon qu'il soit préparé depuis quelque temps.

Au lieu de faire ses opérations dans un verre de montre, on peut aussi opérer sur une lame de verre reposant sur du papier blanc.

Dans les huiles, l'odeur, la saveur, la couleur, la consistance, la densité, sont des caractères qui peuvent mettre sur la voie de la falsification, de même que le prix des huiles. Néanmoins voici les trois cas qui peuvent se présenter :

1° Étant donnée une huile qu'on ne connaît pas, indiquer quelle est cette huile ;

2° Sachant d'une huile qu'elle est siccative, non siccative ou animale, trouver le nom de cette huile ;

3° Une huile étant connue, reconnaître si elle est pure ou falsifiée.

Solution du premier cas.

On essaiera d'abord le bisulfure de calcium.

Supposons que l'huile donne une émulsion jaune d'or qui ne se décolore pas, l'huile essayée ne pourra être que : lin, noix, colza, navette, caméline, sésame, coton, oléine, baleine ou olive.

Si, maintenant pendant une demi-heure environ un courant de chlore, il ne se produit pas une coloration noire, ce n'est pas de l'huile de baleine.

Si, prenant le chlorure de zinc, on trouve que ce réactif donne une coloration verte, verdâtre ou vert bleuâtre, cela indique : lin, colza, caméline, olive ou poisson. Comme par le chlore nous savons que ce n'est pas poisson, nous sommes en présence de quatre huiles. Si l'on prend l'acide sulfurique et que l'on trouve une coloration foncée dans les tons du brun rouge ou sang-dragon, on a l'huile de lin et une série d'huiles siccatives et animales déjà éliminées par les réactifs précédents ; l'huile essayée est donc du lin.

On peut suivre un autre ordre que celui indiqué, mais il est bon de toujours commencer par le bisulfure de calcium, ce réactif établissant nettement deux grands groupes, et de continuer par les réactifs à trois colorations et ainsi de suite du composé au simple.

Deuxième cas (huile siccative) :

On essaie encore le bisulfure de calcium ; si ce réactif donne une émulsion jaune d'or ne se décolorant pas, l'huile n'est pas d'arachide, de faine, d'olive de recense, de baleine ou de chanvre.

Si le chlorure de zinc donne une couleur verte, verdâtre, vert bleuâtre, l'huile n'est pas de sésame, de navette, de coton, d'olive ordinaire ; restent donc le colza et la caméline. Si, prenant l'acide sulfurique, on obtient par exemple une coloration jaune rougeâtre, ce n'est pas du colza ; reste donc la caméline.

Si j'avais pris, par exemple, un savon se décolorant par le bisulfure, j'étais de suite ramené à 5 huiles qui, ne contenant qu'une huile siccative, me donnait sur-le-champ l'huile de chanvre pour l'huile cherchée.

Troisième cas :

Reconnaître la pureté d'une huile donnée.

Ici, on le comprend, les recherches sont limitées.

Comme une huile ne peut être falsifiée que par une huile moins chère, il n'est pas difficile de limiter la falsification.

Supposons donc l'huile de lin mélangée avec de l'huile de coton, de l'oléine ou de l'huile de poisson.

Si nous trouvons par le bisulfure de calcium un savon jaune d'or ne se décolorant pas, nous savons que l'huile de lin ne peut renfermer de l'huile de poisson, et s'il n'y a pas de dégagement d'hydrogène sulfuré, nous savons qu'il n'y a pas non plus d'oléine; reste donc le coton.

On peut encore savoir par l'expérience suivante si une huile quelconque renferme du coton.

On verse sur une plaque de métal, légèrement chauffée, une goutte d'huile à essayer; si elle est pure elle s'évaporera rapidement et si elle contient du coton l'évaporation se fera lentement; elle laissera une place mouillée en même temps qu'il y aura dégagement d'une forte odeur.

Pour ce troisième cas, qui est un cas particulier, on peut aussi se servir de l'un ou de l'autre moyen déjà donné précédemment.

RÉACTIONS

<table>
<tr><td colspan="3" align="center">BISULFURE DE CALCIUM.
Savon jaune d'or ne se décolorant pas.</td></tr>
<tr><td align="center">SICCATIVES.</td><td align="center">NON SICCATIVES.</td><td align="center">ANIMALES.</td></tr>
<tr>
<td>Lin de toute espèce.
OEillette.
Noix.</td>
<td>Camélinc.
Colza.
Navette.
Sésame.
Coton.
Olive ordinaire.</td>
<td>Oleine.
(Dégagement d'hydrogène sulfuré.)</td>
</tr>
<tr><td colspan="3" align="center">Savon jaune d'or se décolorant par l'agitation et devenant jaune pâle.</td></tr>
<tr>
<td>Chanvre (de vert noirâtre devient jaune pâle verdâtre.)</td>
<td>Arachide.
Faine.
Olive de recense (jaune épais puis vert d'herbe, devenant blanc verdâtre)</td>
<td>Baleine.
Poisson.</td>
</tr>
</table>

Pour faire ces expériences on verse le réactif sur l'huile ; 3 à 4 gouttes sur 10 ou 15 d'huile, et on mélange avec un agitateur en

CHIMIQUES.

<table>
<tr><td colspan="3" align="center">CHLORURE DE ZINC.
Légèrement jaunâtre ou pas de coloration.</td></tr>
<tr><td align="center">SICCATIVES.</td><td align="center">NON SICCATIVES.</td><td align="center">ANIMALES.</td></tr>
<tr><td>OEillette.
Noix.</td><td>Sésame.</td><td></td></tr>
<tr><td colspan="3">Coloration jaune orangé, foncé, rose, brun foncé.</td></tr>
<tr><td>Lin d'Angleterre
(jaune.)</td><td>Arachide.
Navette.
Faîne (rose
  clair.)
Coton (brun
  foncé.)</td><td>Oléine.
Baleine.
Poisson.</td></tr>
<tr><td colspan="3">Coloration jaune vert, verdâtre, vert bleuâtre.</td></tr>
<tr><td>Lin du Nord.
Lin de Bayonne.
Lin de l'Inde.</td><td>Colza.
Caméline.
Olive ordinaire.
Olive de recense.</td><td>»
»</td></tr>
</table>

verre ; au bout d'une douzaine de tours la coloration se modifie.

17

ACIDE SULFURIQUE.

Sang-dragon, brun rouge foncé, rouge brun.

SICCATIVES.	NON SICCATIVES.	ANIMALES.
Lin du Nord.	Arachide.	Oléine.
—de Bayonne.	Faine A. A.	Baleine.
—de l'Inde A. A.	Coton.	Poisson.
Noix A. A.		

Jaune foncé, jaune rougeâtre, rouge orangé.

Lin de l'Inde S. A.	Olive S. A.	
OEillette.	Sésame S. A.	
	Faine S. A.	
	Caméline S. A.	

Verte ou verdâtre.

Lin d'Angleterre A. A.	Colza A. A.	
Chanvre A. A.	Caméline A. A.	
	Olive A. A.	
	Sésame A. A.	
	Navette A. A.	

A. A. veut dire avec agitation.
S. A. sans agitation.

CHIMIQUES.

BICHLORURE D'ÉTAIN FUMANT.		
COLORATIONS INSTANTANÉES.		
Jaune, jaune pâle, jaune d'or.		
SICCATIVES.	NON SICCATIVES.	ANIMALES.
OEillette.	Olive ordinaire. Sésame.	
Rouge brun clair, jaune rougeâtre.		
Tous les lins. Noix.	Arachide. Caméline. Faine. Coton.	Oléine. Baleine. Poisson.
Vert, verdâtre, vert bleuâtre, bleu violet.		
Tous les lins, avec agitation. Chanvre.	Colza. Navette. Olive ordinaire.	

RÉACTIONS

AVEC LE BICHLORURE D'ÉTAIN		
LORSQUE APRÈS REPOS LA MASSE EST SOLIDIFIÉE OU ÉPAISSIE.		
Jaune pâle, jaune paille, jaune vif.		
SICCATIVES.	NON SICCATIVES.	ANIMALES.
OEillette.	Sésame.	»
	Caméline.	»
Rouge brun clair, jaune orangé.		
Lin du Nord.	Colza.	Oléine qui ne se solidifie pas.
Lin anglais.	Arachide.	
Lin de l'Inde.	Coton.	
	Faine.	Baleine.
	Olive ordinaire.	Poisson.
Vert verdatre.		
Chanvre.	Navette.	»

CHIMIQUES.

ACIDE PHOSPHORIQUE SIRUPEUX.

Blanc, gris, grisâtre, blanc jaunâtre, pas de coloration ou décoloration.

SICCATIVES.	NON SICCATIVES.	ANIMALES.
OEillette. Noix.	Navette. Caméline.	» »

Jaune d'or, jaune orange, jaune paille.

Lin du Nord. Lin de Bayonne. Lin de l'Inde.	Coton. Arachide. Sésame.	Oléine. Baleine. Poisson.

Vert, verdâtre, bleuâtre, vert foncé.

Lin du Nord A. A. Lin d'Angleterre. Lin de Bayonne A. A. Chanvre.	Olive, diverses. Colza. Navette A. A. Caméline A. A.	Les huiles se décolorent d'abord et puis se colorent.

17

<table>
<tr><td colspan="3" align="center">PERNITRATE DE MERCURE.
Blanc gris ou pas de coloration.</td></tr>
<tr><td>SICCATIVES.</td><td>NON SICCATIVES.</td><td>ANIMALES.</td></tr>
<tr><td>OEillette.
Noix.</td><td>Caméline.
Sésame.
Faine.</td><td>Oléine.
Cachalot.</td></tr>
<tr><td colspan="3" align="center">Jaune, jaune pâle, jaune d'or et orangé.</td></tr>
<tr><td>Tous les lins.</td><td>Coton.
Arachide.
Navette.
Sésame A. A.</td><td>Baleine.
Poisson.</td></tr>
<tr><td colspan="3" align="center">Vert, verdâtre, vert d'eau, vert bleuâtre.</td></tr>
<tr><td>Lin du Nord A. A.
Lin d'Angleterre A. A.
Lin de Bayonne A. A.
Chanvre.</td><td>Olive, diverses.
Colza.
Navette A. A.
Caméline A. A.</td><td>»
»
»
»</td></tr>
</table>

CHAPITRE IV.

DES FONDS D'HUILES.

On peut employer dans la savonnerie, après quelques préparations, les résidus ou fonds de toutes les huiles qu'on emploie.

Les fonds les plus employés sont ceux de lin, de colza, d'œillette et de navette. Les fonds de coton ne sont employés que comme teinture.

Pour employer les fonds, on les met ordinairement dans une chaudière avec 2/3 d'eau et on fait bouillir le tout pendant une couple d'heures ; après repos, l'huile contenue dans les fonds surnage et on la décante ; après l'avoir fait passer par un tamis on peut l'employer.

MANIÈRE D'ÉLIMINER L'ACIDE SULFURIQUE DES FONDS D'HUILES.

Les fonds, après avoir été lavés, ont perdu

une partie de l'acide sulfurique qu'ils contiennent presque tous, les huiles étant épurées par cet acide ; mais il pourrait se faire que l'huile qui en provient en renferme encore trop ; voici alors ce que l'on fait :

On mélange par parties égales l'huile avec de la lessive caustique de soude de 20° à 25°. On laisse le tout corroder à froid pendant un ou deux jours, puis on chauffe le tout jusqu'à l'ébullition.

Après repos, un savon de soude surnagera au-dessus du liquide et la lessive renfermera l'acide sulfurique.

On enlève ce savon que l'on ajoute à un autre brassin.

Il est bon de faire subir cette opération à l'oléine distillée et à l'huile de lin brune hollandaise, car ces huiles renferment quelquefois beaucoup d'acide sulfurique.

On débarrasse ensuite la lessive de soude de l'acide sulfurique en y battant un carbonate de chaux en poudre, craie ou blanc, et en décantant après repos et refroidissement.

MANIÈRE DE BLANCHIR CERTAINES HUILES.

MANIÈRE DE BLANCHIR CERTAINES HUILES.

Si l'huile n'est pas bien claire on la chauffe ou on la fond, et en la décantant on la débarrasse de tout résidu.

Prenons par exemple l'huile de palme.

On l'introduit dans une chaudière que l'on chauffe doucement et lorsque la température du liquide a de 65 à 70 degrés on y ajoute, par 100 kil. d'huile, un demi-kilogramme de chromate de potasse dissout dans quatre parties d'eau ou 2 litres et on remue constamment la chaudière. On ajoute ensuite, toujours par 100 kil. d'huile, un kilogramme d'acide muriatique.

Par l'agitation l'huile de la chaudière pren dra une couleur verte, et après une heure de travail on laissera reposer. Par le repos la couleur verte s'est précipitée et on décante l'huile, qui est employée après un ou deux lavages à l'eau chaude.

MANIÈRE DE DÉSINFECTER CERTAINES HUILES.

On peut désinfecter certaines huiles, entre autres les huiles de poisson, en les agitant avec un lait de chaux et en les décantant après quelques jours.

On peut aussi désinfecter une huile en la traitant sous la pression de deux atmosphères avec 5 p. c. de noir animal en poudre impalpable et en la filtrant ensuite.

On ne doit pas oublier que les corps gras se décomposent entre 300^0 et 400^0 ou entre trois et quatre atmosphères.

EXTRACTION DES CORPS GRAS DES EAUX SAVONNEUSES.

Longtemps les eaux savonneuses sont restées sans emploi.

C'est M. Houzeau-Muiron qui a trouvé le procédé industriel d'extraire les matières grasses des eaux savonneuses en traitant celles-ci par l'acide sulfurique concentré.

Depuis ce temps, le commerce possède des graisses provenant de ces eaux et les villes drapières, telle que Verviers, livrent leurs eaux aux industriels ou aux savonneries.

Il existe sur la frontière de la Prusse une grande savonnerie qui emploie la majeure partie des eaux savonneuses provenant des fabriques de drap de Verviers.

Voici comment on opère :

On dépose les eaux savonneuses dans de grandes cuves en bois, doublées ordinairement en plomb.

On les remplit environ aux 4/5 et on y verse ensuite lentement de l'acide sulfurique jusqu'à ce que le liquide rougisse le papier de tournesol. On est alors certain qu'on a complétement saturé la base alcaline.

Pendant cette opération on remue constamment.

Au bout de quelques heures les matières grasses surnagent et on les enlève avec des cuillers en fer.

Ces matières renfermant encore des résidus, on les fait fondre et par la décantation on a l'huile pure.

Les résidus sont mis ensuite dans des sacs
de laine d'un tissu assez serré et placés
entre des plaques de fer chauffées fortement
ou à la vapeur. Ces plaques sont alors pres-
sées par une presse hydraulique. On a ainsi
toute l'huile du dépôt.

Les eaux restant dans les cuves renferment les sulfates de potasse et de soude.

CHAPITRE V.

—

Ces matières sont sécrétées par certains arbres, soit naturellement, soit par les déchirures de l'écorce, soit par incisions. Celles qui ne renferment pas d'acide volatil et qui sont insolubles dans l'eau sont appelées résines; la présence d'un acide volatil caractérise les baumes et on nomme gommes résines celles qui, formées d'un mélange de gomme et de résine, sont incomplétement solubles dans l'eau et l'alcool.

Toutes sont très-inflammables et brûlent avec une flamme fuligineuse et dépôt de charbon.

Les gommes sont des sucs concrets provenant des arbres, tous solubles dans l'eau chaude.

18

Les résines sont solubles dans l'alcool, l'éther et l'acide acétique (vinaigre).

Les huiles fixes et les graisses dissolvent la plupart. Avec la potasse et la soude elles forment des savons résineux solubles dans l'eau.

Les résines naturelles sont solides, translucides, d'une saveur âcre et chaude, incolores ou jaunes ou brunes.

Chimiquement pures, les résines sont des carbures d'hydrogène légers. Elles sont fusibles entre 100° et 130° et leurs densités sont en moyenne 1,07.

Les résines proviennent généralement des pins et des sapins.

DIFFÉRENTES RÉSINES EMPLOYÉES.

Les résines employées dans le commerce viennent d'Amérique ou de Bordeaux. Comme depuis quelque temps les résines d'Amérique sont rares et d'un prix élevé, on n'emploie ordinairement que la résine de Bordeaux, connue sous le nom de brai sec ou d'arcanson, qui varie du brun clair au noir.

La résine jaune ou colophane provient du brai sec par l'addition, lorsqu'il est liquide, de 5 à 6 p. c. d'eau.

ANALYSE D'UNE RÉSINE.

Pour vérifier la bonté d'une résine, on en prend une petite quantité que l'on réduit en poudre et on en pèse 10 gr. Après avoir introduit cette poudre dans un tube ou un flacon, on verse dessus environ 100 grammes d'alcool pur et on chauffe le mélange au bain-marie jusqu'à l'ébullition.

Si la résine est pure elle se dissolvera entièrement dans l'alcool ; si au contraire on trouve un résidu, son poids indiquera la quantité de matières étrangères qui ont été introduites dans la résine.

MANIÈRE DE BLANCHIR UNE RÉSINE.

On lui fait subir cette opération lorsqu'on veut l'employer dans les savons mous blancs.

A cet effet, on la fait fondre dans une chaudière et lorsqu'elle est fondue on la laisse reposer environ trois quarts d'heure.

Au bout de ce temps, elle a déposé ses impuretés ; on la décante ensuite dans une autre chaudière et on y ajoute 40 à 50 p. c. de lessive de soude de 8° à 10°.

Après une heure d'ébullition on laisse reposer, la résine se précipite, et la lessive, devenue brune, surnage.

On enlève cette lessive, et par un second lavage identique au premier, on achève l'opération.

La résine sera alors très-blanche On la coule de suite dans de petits bacs pour s'en servir au besoin ou on la transforme en savon résineux avec de la forte lessive.

La résine ainsi épurée perd son mordant sur la peau.

On lui fait également perdre cette propriété en employant la lessive non caustique.

La résine exige en moyenne, par 100 kilogrammes, 167 kilos lessive à 22°, et les huiles 140 kilos, toute évaporation cessant.

Nous avons vu, en effet, que la résine donne ordinairement 270 p. c. de rendement et que 100 kil. d'huile donne la plupart du temps 240 p. c.

Ne pas confondre les kilos de lessive avec les litres, dont le poids varie avec le degré des lessives.

Ainsi 100 litres soude à 30° = 125 kil.

100 litres soude à 25° = 119 kil.

et 100 litres soude à 12° = 108 kil.

Il faut 30 kil. soude pour faire 100 litres à 30° Beaumé.

On voit par là que 1,000 litres lessive à 1° valent encore 10 kil. soude ou en moyenne fr. 3-50 et 7 fr. à 2°. Il est donc essentiel de bien laver à fond tous les résidus.

DIFFÉRENTES MANIÈRES D'EMPLOYER LA RÉSINE.

Lorsqu'on introduit la résine dans le savon sous forme de savon résineux, il est bon de ne le râbler dans le brassin que lorsque le savon n'a plus que 45 à 50 degrés Réaumur ou 56 à 62 degrés centigrades. On évite ainsi tout précipité de résine.

On peut encore éviter un précipité en râblant dans le savon, par 100 kil. de résine, 5 à 6 kilos de fécule.

S'il était nécessaire d'y ajouter encore de la lessive, on emploierait de la lessive non caustique versée avec un arrosoir.

On peut aussi, lorsque le savon est achevé et qu'il a perdu sa plus grande chaleur, introduire la résine de la manière suivante :

On suspend un tamis de fer à un rouleau ou poulie au-dessus de la chaudière ; la résine est mise par portions dans ce tamis que l'on fait descendre et redescendre dans le savon, jusqu'à ce qu'elle soit fondue et écoulée. On répète ce travail jusqu'à ce que toute la quantité soit employée. Cette méthode offre l'avantage que, pendant la fonte de la résine, la térébenthine ne s'évapore pas. On ajoute ensuite la lessive nécessaire. On peut aussi employer la résine en la faisant fondre avec les huiles avant d'y mettre la lessive.

PROPRIÉTÉS DE LA RÉSINE DANS LE SAVON.

Lorsque la proportion de résine n'est pas trop forte, 5 à 15 p. c. par exemple des matières grasses, cette addition rend le savon plus transparent, plus soluble, plus mousseux, plus dur, rend plus énergique toutes ses propriétés et le rend propre pour les lavages dans l'eau de mer et les eaux séléniteuses.

8 à 10 p. c. de résine donne la perfection et l'on peut aller jusqu'à 20 p. c.

Plus de 20 p. c. en été rend le savon trop poisseux et en hiver le blanchit, en supposant qu'il n'y ait pas de précipité.

Trop de résine produit sur les mains le même mordant que trop de lessive.

RÉSINES PROVENANT DE L'ÉPURATION DES HUILES DE PÉTROLE.

Lorsque les résidus de l'épuration de l'huile de pétrole sont bien luisants et trèscassants, on peut les employer dans les savons, vu que l'odeur est alors imperceptible.

SUIFS ET GRAISSES.

Les suifs et les graisses, comme les huiles fixes sont formés de carbone, d'hydrogène, d'oxygène ou d'oléine et de stéarine.

Ces substances diffèrent des premières par la consistance, la couleur et l'odeur.

Elles doivent leur solidité à la grande quantité de stéarine qu'elles renferment. Les pays chauds ont plus de stéarine que les pays froids dans leurs huiles et graisses. Dans l'état de pureté ces corps sont inodores et ne deviennent odorants que par une espèce de fermentation qu'ils subissent avec le temps.

On désigne particulièrement par suifs, la graisse des herbivores. Ces matières sont déposées dans le tissu cellulaire et on les sépare des matières membraneuses par la fusion. L'addition de 5 p. c. d'alun favorise la séparation ainsi qu'une addition d'eau acidulée d'acide sulfurique.

Les suifs se vendent dans le commerce en branches ou fondus.

Lorsqu'on peut fondre ses suifs ou les faire fondre, il est préférable de les acheter en branches ; les suifs fondus ayant souvent été blanchis par un acide et n'étant pas tou-'jours d'une grande pureté.

Les meilleurs suifs sont ceux d'Espagne et des États-Romains ; la plus grande partie nous vient de Russie et d'Amérique.

Les principaux suifs sont ceux de bœuf, de mouton, d'abattis, de boyauderies, d'os, de conserves alimentaires, et les graisses de cheval et de porc.

Le suif de bœuf est blanc jaunâtre ; plus il est ferme, c'est-à-dire plus il contient de stéarine, plus il est recherché. Il est fusible à 57° centigrades.

Le suif de mouton est très-blanc, très-ferme et est supérieur au suif de bœuf.

Le suif d'abattis est le produit de la cuisson des têtes et des pieds des animaux. Ce suif est d'un blanc roux, moins consistant et plus huileux que les précédents. Il se travaille très-bien.

Le suif de boyauderies provient des intestins des animaux.

Il est blanc verdâtre et a une forte odeur. Il se saponifie facilement.

Le suif d'os, comme son nom l'indique, se retire des os.

Il est blanc brun, mou et odorant.

Le suif provenant des fabricants de conserves alimentaires provient des chairs d'animaux.

Il est blanc et assez ferme.

La graisse de cheval se retire de toutes les parties du cheval, chair, os, etc. Cette graisse est odorante, molle et onctueuse ; en été elle est en partie liquide.

La graisse de porc est le saindoux ou axonge, d'un blanc très-beau ou d'un blanc jaunâtre.

Cette graisse, fraîchement préparée, a une

saveur douce et on s'en sert dans les aliments.

Une graisse de porc plus commune, mais renfermant toujours beaucoup de sel, se retire encore de la préparation des viandes.

Enfin nous avons le suif végétal, qui vient d'un arbre de l'Amérique du Sud ou des Indes orientales.

Il est blanc gris, d'une consistance ferme, fusible à 40°, soluble dans l'alcool et l'éther, renfermant 50 de stéarine et 50 d'oléine. On peut quelquefois se le procurer à bas prix.

Pour vérifier si une graisse contient de l'eau ou des matières étrangères, il suffit de le fondre à la dose de 1 à 2 kilos jusqu'à 100°.

Par la chaleur, l'eau se sépare du suif et vient occuper le fond du vase.

La fonte des suifs peut se faire à feu nu ou à la vapeur, mais par la vapeur d'eau, ils sont moins odorants et plus blancs.

Avant d'employer l'un ou l'autre moyen, on divise le suif autant que possible et on le soumet à plusieurs lavages successifs, afin d'en enlever les parties colorantes et le sang.

Pour employer la vapeur, on se sert d'une grande cuve d'une contenance de 20 hectolitres, en bois de sapin du nord, doublée en plomb, dans le fond de laquelle est placé un tuyaux de plomb, percé d'un grand nombre de trous, destinés à injecter la vapeur dans la cuve. Ce tuyaux reçoit la vapeur au moyen d'un autre tuyaux de communication.

La cuve étant remplie aux 2/3 et la vapeur ayant atteint une tension de 15 à 20 centimètres, on commence l'opération.

On chauffe très-modérément ; la chaleur produite par la condensation de la vapeur dilate le suif, le rend fluide et détermine la rupture des cellules adipeuses qui le renferment.

Au fur et à mesure que la fonte s'opère, on retire le suif au moyen d'une cuiller et on le verse sur un tamis de crin, placé au-dessus d'un grand cuvier en bois blanc, où il dépose quelques impuretés et l'eau qu'il peut contenir. De ce cuvier on le décante dans un autre, et lorsqu'il commence à se figer, on le verse dans des barriques en bois blanc jusqu'à son emploi.

Tout le suif étant fondu, on arrête l'introduction de la vapeur, et après avoir laissé refroidir la cuve pendant quelques heures, on soutire, à l'aide d'un robinet placé au niveau du fond de cette cuve, toute l'eau provenant de la condensation de la vapeur qui s'y trouve réunie.

Supposons que nous ayons fondu 1,000 kilogrammes de suif en branche.

Pour les résidus qui restent dans la cuve, on emploie 200 litres d'eau dans lesquels on ajoute 6 kilogrammes d'acide sulfurique concentré. Ce mélange est versé dans la cuve et on introduit de nouveau la vapeur. On fait bouillir quelques heures ; sous l'influence de la chaleur et de l'acide, les tissus membraneux sont attaqués et dissous et abandonnent jusqu'aux dernières parties de suif

19

qui étaient contenues dans leurs cellules; celui-ci vient occuper la partie supérieure du liquide acide.

Lorsque la réaction est achevée, on arrête la vapeur et on verse dans la cuve quelques hectolitres d'eau froide que l'on agite pendant quelques minutes. Par le refroidissement, le suif se fige à la surface du liquide, on l'enlève et on lui fait subir plusieurs lavages à l'eau chaude, ce qui le rend plus blanc et lui enlève le peu d'acide sulfurique qu'il peut encore contenir.

1,000 kil. de suif en branches produisent ainsi en moyenne 900 kil. suif fondu très-dur et très-blanc.

QUATRIÈME PARTIE.

—

CHAPITRE PREMIER.

—

La connaissance du savon remonte aux temps les plus reculés. Des historiens prétendent que son emploi nous vient des Gaulois, qui le fabriquaient avec du suif et de la lessive de cendres.

Les conquêtes des Romains répandirent cette industrie en Europe.

La découverte d'une savonnerie avec ses ustensiles et ses produits parmi les ruines de Pompéi, prouve son existence dans le premier siècle de l'ère chrétienne.

Toutefois, ce n'est guère qu'à partir du viiie siècle que les savonneries prirent un grand développement en Italie et en

Espagne. En France, elles ne furent établies qu'au xiie siècle.

Aujourd'hui cette industrie est une des grandes branches du commerce. Les progrès de la chimie en ont fait un art aussi scientifique que pratique et sans notions de chimie il serait difficile de faire de nouvelles découvertes. Les savons sont de véritables sels ayant pour base la potasse ou la soude ; ils se forment de la combinaison chimique des acides gras avec les oxydes alcalins.

Les savons mous sont ceux qui sont produits principalement par la potasse, quelle que soit la nature du corps gras ; car la potasse, en se combinant avec les acides stéariques, margariques et oléiques, forme des stéarates, des margarates et des oléates de potasse qui ne prennent jamais que la consistance d'une gelée plus ou moins épaisse dans leur contact avec l'eau, probablement à cause de l'affinité prédominante de la potasse pour ce liquide.

Les sels ainsi formés sont déliquescents et extrêmement solubles dans l'eau. Les savons produits par la soude ont moins de solubilité et sont d'autant moins solubles qu'il y a défaut d'oléine.

La parfaite homogénéité des savons dépend de l'intime combinaison des matières grasses avec l'alcali qui doit les saturer, et l'expérience a démontré qu'on n'arrive à ce résultat qu'avec l'alcali caustique, c'est-à-dire privé d'acide carbonique, quoique quelques chimistes aient cru atteindre le but avec les alcalis carbonatés.

DENSITÉS DES SAVONS ET CAUSES DONT ELLES DÉPENDENT.

Les savons sont généralement plus denses que l'eau.

L'expérience prouve avec évidence que la densité plus au moins grande des savons dépend essentiellement du degré de concentration des lessives qu'on emploie pour les cuire.

Lorsque ces lessives sont à un faible degré ou moyen, les savons sont généralement plus légers que l'eau, tandis que lorsque ces lessives sont à un haut degré, 20 à 25, les savons sont ordinairement plus lourds que l'eau et s'enfoncent dans ce liquide. Ainsi, et ce point est important à constater, en opérant de la même manière et avec le même alcali, on obtiendra des savons légers ou lourds selon le degré de concentration des lessives ; mais pour obtenir des savons bien nourris d'alcali, d'une consistance ferme et plus pesant que l'eau, l'emploi des lessives concentrées est absolument indispensable pendant la période de la cuite, et surtout pour achever.

AVANTAGES DES LESSIVES FORTES.

Outre l'avantage de donner des savons bien nourris et plus pesant que l'eau, elles ont pour effet d'accélérer l'opération et de donner, toutes choses égales, un produit en savon plus considérable.

De plus, les fortes lessives ont une action plus énergique sur les corps gras et les dépouillent plus complétement de toute odeur étrangère.

PRÉPARATION DES LESSIVES.

Supposons d'abord que nous sommes en hiver et que nous brassions avec l'huile de lin ou de chanvre et 10 à 15 p. c. de résine.

A cet effet, dans une chaudière de 50 hectolitres, je chauffe 30 hectolitres d'eau et à mesure qu'elle chauffe j'y ajoute de la bonne potasse de betterave, de 45° alcalimétriques, préalablement concassée. J'accélère la dissolution en agitant continuellement avec un râble. Je continue ainsi jusqu'à ce que ma lessive marque 20° à 22°, ce que j'aurai obtenu avec environ 1,100 kilos, puis j'y ajoute 10 p. c. de soude, soit 110 kil., et je remue bien la liqueur.

Lorsque la dissolution est complète, j'y ajoute lentement 54 p. c. de chaux vive, soit 650 kilos de chaux en nature, en ayant soin de verser un peu d'eau dans la chaudière chaque fois que l'effervescence produite par la chaux menace de faire déborder la chaudière. Après une heure d'ébullition, si la chaudière le permet, on retire le feu et on laisse reposer, en couvant la chaudière.

Le lendemain, lorsque la liqueur est clarifiée, on la décante dans des réservoirs préparés à cet effet.

Le marc de chaux et de potasse qui reste dans la chaudière est lavé avec une quantité d'eau égale à un peu plus du 1/3 du volume de la lessive forte déjà retirée. Après un brassage d'une bonne demi-heure, on laisse reposer. Lorsque cette lessive est claire, on l'ajoute à la première et le tout doit encore marquer au moins 20°.

On verse une nouvelle quantité d'eau sur le marc de chaux, égale à toute la lessive retirée ; cette lessive, après un nouveau brassage, marque ordinairement 15°.

Elle porte le nom de seconde lessive et sert à l'empâtage.

Enfin par des lavages successifs on épuise complétement la marc de chaux et ces petites lessives remplacent l'eau la fois suivante.

Au lieu de dissoudre la soude avec la potasse, on peut faire à part une lessive de soude de 15°. Cette dernière méthode est avantageuse dans les demi-saisons, parce que l'on peut alors ajouter de la lessive comme on le juge à propos.

L'emploi de la soude est économique et donne de la consistance au savon. On peut l'employer à la fin de l'empâtage ou à la fin de la cuite.

Avec cette lessive on peut tout au plus, dans le brassin, employer 1/4 d'huile froide en hiver.

Lorsqu'on veut employer beaucoup d'huile froide, on ne met que 40 à 45 p. c. de chaux et on emploie alors aussi de la lessive de potasse raffinée sans chaux ou non caustique de 25°, comme nous l'expliquerons plus loin.

Lorsqu'on fait à part sa lessive de soude,

on ne doit pas oublier le rapport entre la soude et la potasse.

Ainsi 10 p. c. de soude en poids donne pour la lessive à employer le 1/5 de la masse à même degré ou 22° et par conséquent une quantité plus grande à 15° ou 18°, que l'on doit calculer.

Ordinairement avec 200 litres à 20°, on en obtient 300 à 15.

Lorsque en été on emploie 20, 30 et 40 p. c. de soude, les proportions sont le 1/3, les 3/7, la 1/2 de la masse (mêmes degrés).

On peut aussi calculer de suite le nombre de litres de soude que l'on aura besoin à 20 ou 22 degrés et réduire avec prudence cette quantité à 18° ou 15°.

Avec la composition de notre brassin on peut employer en été jusqu'à 60 et 70 p. c. de chaux.

Nous verrons plus loin comment on peut travailler sans devoir augmenter sensiblement la chaux en été.

La fabrication du savon mou comporte en général trois opérations distinctes, savoir :

1° Préparation des lessives ;

2° Empâtage des matières grasses ;

3° La cuite du savon ou la saponification.

Nous allons donc décrire les deux dernières opérations comme on le fait habituellement.

A cet effet, supposons un brassin de 1,700 kilos matières grasses, huile de lin, et 15 p. c. résine ; c'est-à-dire 1,480 kilos lin et 220 kilos résine.

Cela nous donnera en moyenne 4,000 kil. savon ou 40 tonnes.

On désigne sous le nom d'empâtage le premier degré d'union des huiles ou des matières grasses avec la lessive.

Cette opération a beaucoup d'importance, car d'un bon empâtage dépendent beaucoup le rendement et la qualité du savon.

Un empâtage incomplet peut faire durer un brassin plusieurs jours.

Par la cuite, on détermine et on complète

l'entière et parfaite combinaison des huiles ou des matières grasses avec les alcalis.

La cuite donne de la consistance au savon, en augmente le poids, le dégage de toute odeur désagréable et l'achève.

EMPATAGE DES MATIÈRES GRASSES.

Pour commencer l'opération on introduit l'huile et la résine dans une chaudière d'environ 60 hectolitres, que l'on chauffe doucement.

Lorsque la résine est bien liquéfiée, on ajoute successivement 850 litres environ de lessive de 15° Beaumé. Pendant qu'on verse la lessive, on doit agiter continuellement le mélange avec un râble, afin d'accélérer la combinaison de l'alcali avec les matières grasses.

On reconnaît que cette combinaison est opérée lorsque la masse est bien empâtée, bien homogène, sans lessive apparente au fond de la chaudière et sans huile à la surface.

Si une partie des huiles restaient nager à

la surperficie de la pâte, il suffirait pour y remédier d'introduire une nouvelle quantité de lessive faible de 4° à 5° ou même d'eau. On obtient le même résultat en incorporant du vieux savon, 5 à 6 p. c. du poids des matières grasses ou même moins.

CUITE DU SAVON.

On porte ensuite le mélange à l'ébullition pendant une couple d'heures. Lorsque l'empâtage commence à prendre de la consistance, on ajoute peu à peu de la forte lessive de 20° à 22°, par portion de 50 litres, en laissant un intervalle de 10 à 15 minutes entre chaque mise de lessive, ou le temps à la chaudière de rentrer en ébullition si la lessive produit un temps d'arrêt. On continue ainsi jusqu'à ce que la pâte soit d'une limpidité parfaite.

Elle doit couler d'une cuiller ou d'une spatule comme de l'empois bien cuit.

Le savon en coulant doit, en s'étirant, vouloir remonter vers la spatule.

20

Le savon, lorsqu'il commence à se clarifier, feuillette sur la spatule ; mais lorsqu'il est parfaitement limpide cela ne doit plus arriver, car cela indiquerait qu'il a trop de lessive ou qu'elle est mauvaise.

Le savon dès le commencement est couvert d'une écume blanche et légère, mais ordinairement elle disparaît lorsque le savon est clair.

Arrivé à ce point on ne verse plus la lessive que prudemment, et lorsqu'on s'aperçoit, en touchant le savon du bout de la langue, qu'il la chauffe fortement où qu'il la happe légèrement, on laisse cuire un petit temps sans rien ajouter.

L'évaporation de la partie aqueuse des lessives en concentrant l'alcali, donne une consistance de plus en plus épaisse au savon.

SIGNES AUXQUELS ON RECONNAÎT QUE LE SAVON EST ACHEVÉ.

Pour s'assurer du point de cuisson du savon, on en verse de temps en temps sur

un morceau de verre. Lorsqu'il est complétement refroidi, on juge par sa consistance
s'il est parfaitement cuit.

Dans la pratique on fait ce qui suit :

1° En le goûtant il faut qu'il happe la
langue légèrement et avec persistance. C'est
la preuve qu'il a assez de lessive ;

2° En prenant un peu de savon refroidi
entre le pouce et l'index et les séparant vivement, il faut que le savon se sépare sans
former de filaments ;

3° En plaçant une tranche de savon, bien
unie, sur un morceau de verre, par exemple,
il faut que le toucher du doigt n'y produise
qu'une légère étoile sèche ;

4° Un peu de savon refroidi sur un morceau de verre doit y rester assez adhérent
et ne peut pas être glissant ;

5° Un morceau de savon placé contre un
doigt ne doit pas en glisser ;

6° En le manipulant avec le doigt sur une
plaque de verre ou de porcelaine, il doit

être gras et ne pas changer sensiblement de couleur et de consistance.

L'aspect de la chaudière indique souvent la fin de la cuite.

Lorsque le savon est achevé, il bouffe ordinairement à sa surface et toute l'écume a disparu ou ne se présente que par places ; sa surface est très-luisante.

Pour notre brassin on emploiera environ 2,400 litres lessive à 20° ou 22°, ce qui fait, en déduisant les 850 litres à 15°, qui équivalent à 570 litres à 22°, environ 1,830 litres forte lessive.

On calcule en moyenne toutes les lessives réduites à 22°, à 145 litres par 100 kil. matières grasses ou 60 litres par tonne de savon.

DIFFÉRENTES COULEURS DES SAVONS.

Le savon comme nous venons de l'obtenir est d'un jaune brun. S'il doit être vert on lui donne cette teinte au moyen d'une addition d'indigo de belle qualité, le principe colorant y étant plus abondant.

DE L'INDIGO.

L'indigo est l'une des substances les plus précieuses parmi les matières colorantes. Il fournit à la teinture les bleus solides sur la laine, le coton et la soie, et en savonnerie il sert à verdir le savon mou.

Il existe dans un grand nombre de végétaux d'où on l'extrait par la fermentation.

DIFFÉRENTES ESPÈCES D'INDIGOS.

Dans le commerce on en distingue 14 espèces. Nous n'examinerons que les indigos de Guatemala et du Bengale, qui sont les plus estimés.

Indigos Guatemala.

1° Indigo flor ;
2° Sabre supérieur ;
3° Sabre bon ;
4° Sabre ordinaire ;
5° Cortes supérieur ;
6° Cortes bon ;
7° Cortes ordinaire.

20*

Indigos Bengale.

1° Bleu léger, bleu fin, bleu flottant ;

2° Surfin violet ;

3° Surfin pourpre ;

4° Le fin violet :

5° Le fin violet pourpre ;

6° Le bon violet ;

7° Le violet rouge ;

8° Le violet ordinaire ;

9° Le fin et le bon rouge ;

10° Le bon rouge ;

11° Le fin cuivré ;

12° Le moyen cuivré ;

13° Le cuivré ordinaire et bas.

PROPRIÉTÉS PHYSIQUES.

L'indigo est solide, d'une couleur bleu foncé tirant sur le violet plus ou moins léger. Il prend par le frottement d'un corps dur une teinte cuivrée. En général, on doit donner la préférence à ceux qui ont un aspect violet et rejeter ceux qui sont bleus ou bleus verdâtres, et qui dans la cassure, présentent des veines brunes ou blanches. Il doit être inodore.

Ceux qui présentent une couleur obscure ou terne indiquent qu'ils ont subi une altération dans leur préparation.

Les indigos du commerce sont toujours mélangés, et il est très-difficile d'en pouvoir déterminer la valeur d'après leurs propriétés physiques.

Les défauts que l'on rencontre dans les indigos sont désignés sous les noms : 1° d'éventés ; 2° de piquetés ; 3° de rubanés ; 4° de brûlés et 5° de pierrés.

Ils sont éventés, lorsque la cassure intérieure présente une espèce de moisissure blanche ;

Piquetés, lorsque l'intérieur est parsemé de points blancs et de petites cavités blanches ;

Rubanés, quand la cassure présente des couches de nuances différentes ;

Brûlés, lorsque en les pressant ou les cassant, ils se divisent en fragments plus ou moins noirs ;

Pierrés ou sablés, quand ils présentent à l'intérieur du sable ou des pierres.

COMPOSITION MOYENNE DE L'INDIGO, D'APRÈS
CHEVREUIL.

Indigotine.	45
Ammoniaque, matière verte, extractif, gomme.	12
Résine rouge	36
Carbonate de chaux.	2
Oxyde de fer, alumine	2
Silice	3
	100

On voit que l'indigo du commerce ne contient en moyenne que 45 p. c. d'indigo réel ou indigotine.

C'est à cette dernière matière que les indigos doivent leurs propriés tinctoriales.

ESSAIS DES INDIGOS.

On détermine la quantité d'eau en prenant 10 grammes d'indigo en poudre ; on les dessèche à la température de l'eau bouillante.

La différence des deux pesées donne la quantité d'eau. Il donne ordinairement 0 gr. 03 de perte.

On pèse ensuite 1 gramme d'indigo desséché et on l'incinère dans une capsule de platine. Il se sublime et se décompose en partie. Il reste un résidu de 0 gr. 07 produit par les matières étrangères. D'après le produit du résidu, on détermine la valeur des différentes espèces d'indigos.

On peut encore déterminer la valeur comparative de l'indigo par l'essai au chloromètre.

On prend 1 gramme d'indigo que l'on fait dissoudre dans 12 grammes d'acide sulfurique concentré (66°) ; on étend la solution d'eau de manière à former un litre de liquide. On prend une quantité déterminée de cette liqueur et l'on y verse du chlorure de chaux en quantité suffisante pour le décolorer.

Un indigo sera d'autant plus riche en matière colorante, qu'il aura exigé davantage de chlorure.

L'indigo sert aussi, comme nous le verrons plus loin, à analyser le chlore.

Voici la liqueur d'épreuve pour le chlore que l'on fait avec l'indigo :

On dissout 8 grammes d'indigo en poudre dans 66 grammes d'acide sulfurique concentré.

On prend un flacon qui, jusqu'à un trait marqué, contienne 800 grammes d'eau. On retire une partie de l'eau et on y met la solution d'indigo, puis on achève de remplir avec de l'eau jusqu'au trait marqué.

Cette liqueur est la solution normale. Pour les essais, on prend 1 partie de cette liqueur et 9 parties d'eau.

DIFFÉRENTES MANIÈRES D'EMPLOYER L'INDIGO DANS LE SAVON.

1° Pour préparer cette teinture on fait tremper pendant 4 à 5 heures, la quantité d'indigo que l'on croit avoir besoin, dans de la lessive bouillante, de 20° à 22°.

Après repos on décante la lessive et on broie le résidu, on le passe à travers un tamis métallique très-fin, et pour colorer le savon on ajoute de cette pâte au brassin, en ayant soin de l'agiter continuellement, jusqu'à ce que le savon ait la nuance désirée;

2° Après avoir fait tremper l'indigo pendant 4 à 5 heures dans de la forte lessive bouillante et l'avoir bien broyé, on y ajoute, en remuant bien, un à deux litres d'eau, puis quelques litres de petites lessives de 4° à 5°, jusqu'à ce que l'indigo forme avec le liquide un tout bien lié et tombant brillant d'une cuiller de fer au spatule.

On appelle cette méthode raffiner l'indigo.

Après avoir fait passer la liqueur par un tamis, on en incorpore dans le brassin en l'agitant jusqu'à ce que le savon ait la couleur voulue.

Dans ces deux manières on ne doit ajouter l'indigo que lorsque le brassin est fini et qu'on a eu soin de ne pas avoir fait le savon trop mordant, car l'ajoute de l'indigo le ramollirait et l'obscurcirait.

3° On peut dissoudre la quantité d'indigo dans une ou deux fois son poids d'acide sulfurique concentré.

Lorsque la plus grande effervescence est passée on y ajoute un peu de petite lessive.

Lorsque le tout est liquide, on le passe par le tamis et on l'ajoute au brassin.

Dans ce cas il n'y a pas d'inconvénient d'ajouter l'indigo un peu avant la fin de la cuite, une petite ébullition renforce même le vert.

Lorsqu'on ajoute l'indigo on ne doit juger de la nuance du savon que lorsqu'il est refroidi, car un savon chaud peut paraître peu vert et être foncé à froid.

Pour obtenir le vert bouteille, 1/4 de kilo d'indigo de bonne qualité suffit pour donner la nuance au moins à 25 tonnes de savon.

Si pour faire le savon on n'avait employé que de la potasse raffinée ou cette potasse en plus grande quantité, on ne devrait employer pour l'empâtage que des lessives de 10°, continuer ensuite avec 15° ou 18° jusqu'à parfaite limpidité et achever avec 20 ou 22 degrés.

Les lessives ne sont ordinairement employées que froides et bien reposées, car c'est une condition indispensable à observer lorsque les potasses renferment à peu près leur maximum de sulfate, telles que les potasses de Russie et d'Amérique.

Cependant avec les bonnes potasses brutes ou mélangées avec la potasse raffinée, on peut employer les lessives toutes chaudes, même au fur et à mesure qu'elles se clarifient.

En commençant à faire sa forte lessive à 3 ou 4 heures du matin, on peut à 7 heures mettre le feu sous la chaudière à savon et avoir fini à midi un brassin de 25 tonnes. Il n'y a donc pas d'inconvénient à employer le matin de bonne heure la forte lessive finie la veille au soir.

<hr>

21

CHAPITRE II.

CAUSES POUR LESQUELLES UN SAVON REFROIDI DEVIENT GRUMELEUX.

Un savon refroidi peut devenir grumeleux par deux causes :

1° Lorsqu'il n'a pas été bien achevé et qu'il contient trop d'eau ;

2° Lorsqu'on a employé trop de soude.

On remédie au premier cas, en faisant recuire le savon, et au deuxième, en refaisant le brassin avec une nouvelle quantité d'huile, sans employer de soude.

MOYEN A EMPLOYER LORSQU'UN SAVON EST MANQUÉ PAR TROP DE LESSIVE.

Lorsqu'une cuve est manquée par trop de lessive, il faut, suivant son excès, ajouter de la résine ou de l'huile.

Lorsqu'on doit ajouter de l'huile à un brassin en ébullition, il faut, pour que l'huile ne se précipite pas au fond et ne dégage pas des vapeurs blanches, et que cette huile s'empâte bien et vite, la mélanger préalablement avec une égale quantité de petite lessive de 3° à 5° et le double de savon de la chaudière.

De cette manière l'empâtage est presque fait avant de l'ajouter et comme elle porte avec elle son liquide, elle s'incorpore aisément, même dans du savon qui n'a plus d'humidité en excès, ce qui serait cause d'une perte d'huile, si on l'ajoutait autrement.

CE QU'IL Y A FAIRE LORSQU'UN BRASSIN DEVIENT LAIT BATTU.

Trois causes peuvent produire ce fait :

1° Lorsque la lessive a trop de chaux ;
2° Lorsqu'elle renferme trop de chlorures ;
3° Lorsqu'il manque beaucoup d'humidité.

Nous avons déjà dit qu'on remédie au premier défaut en ajoutant au brassin de la lessive sans chaux. Occupons-nous du second cas.

Lorsque le brassin est tourné par les

chlorures, il ne reste qu'à faire précipiter la lessive. A cette fin on ajoute au savon un grand excès de lessive et on laisse reposer. Le lendemain la lessive se trouve au fond de la chaudière et séparée du savon, on la pompe ou on la laisse écouler jusqu'à ce qu'on arrive au savon, puis on achève le brassin avec de la petite lessive de 5° à 10°.

Lorsque le savon est commencé avec trop peu de faible lessive ou que l'on a trop tôt versé de la forte, il peut arriver que le savon vienne à tourner par le manque d'eau ; dans ce cas il suffit d'y ajouter quelques mesures de petite lessive de 3° à 5° ou même quelquefois de l'eau.

CAUSES POUR LESQUELLES LE SAVON, QUOIQUE BEAU A L'OEIL, RESTE POISSEUX, SANS FERMETÉ.

Il arrive quelquefois que des oléines distillées renferment beaucoup de carburés d'hydrogène pesants; dans ce cas, le savon est magnifique au coup d'œil, mais reste poisseux, sans consistance.

Ce brassin ne peut alors être employé que par portions quand on en fait un autre, et il faut être prudent dans ses essais, car 1/5 est souvent trop.

Ces oléines proviennent des usines où l'on travaille avec beaucoup d'atmosphères.

Celles qui travaillent avec peu d'atmosphères ne produisent que des carbures légers d'hydrogène qui ne nuisent pas au savon.

On ne peut découvrir ce défaut qu'en expérimentant sur quelques kilos d'huile.

En général, on doit rechercher les oléines saponifiées.

Un léger excès de résine peut aussi produire un cas presque semblable.

POURQUOI UN SAVON RESTE COURT ET CASSANT SANS AVOIR TROP DE LESSIVE.

Cela peut résulter de quatre causes :

1° Trop de sulfate ;

2° Trop de soude ;

3° Trop de résine ;

4° Manque d'un peu d'humidité.

21*

Lorsque le savon est clair, court et cassant sans qu'il ait assez de lessive, c'est-à-dire sans qu'il morde la langue, c'est une preuve que la lessive employée renferme trop de sulfate ou que l'huile employée renferme trop d'acide sulfurique ; le savon se couvre quelquefois d'une écume gris de fer.

On peut, dans ce cas, ajouter au savon de la bonne huile et continuer avec de la bonne lessive de $10°$ à $15°$.

Si le cas se présente par l'emploi de trop de soude, il suffit d'y ajouter un peu d'huile et de continuer avec la lessive de $10°$ à $15°$.

Quelquefois l'emploi seul de la lessive faible remédie à la chose.

Lorsqu'on a employé beaucoup trop de résine, le savon est toujours court sur l'épreuve et il ne solidifie en masse que très-lentement et irrégulièrement.

On raccommode ce savon par une ajoute d'huile.

Le savon peut aussi perdre de sa consistance et paraître court, lorsqu'il manque d'un peu d'humidité ; il suffit alors d'y ajouter de la petite lessive de 3°.

En général, lorsqu'on a employé sur un savon tourné tous les moyens et qu'aucun d'eux n'ait donné un résultat plus satisfaisant au bout d'un heure de travail, il faut s'arrêter, vider la chaudière et recommencer ; on ne ferait que perdre du temps.

MOYEN DE RACCOURCIR LE SAVON SANS FEU.

Il peut arriver qu'un savon terminé devienne trop long un peu après, et que ce savon renferme un mélange ou qu'il devienne trop long par suite de l'ajoute du mélange. Dans ce cas on ne peut faire bouillir le savon, car tous les avantages des mélanges seraient perdus.

On retire alors de la chaudière une ou deux tonnes de savon et on les décompose en y ajoutant de l'acide muriatique jusqu'à ce que la lessive se précipite.

Après repos on enlève le savon et on le remet dans la chaudière que l'on a soin de bien remuer.

Le savon de la chaudière sera raccourci de cette manière de tout le liquide séparé par l'acide muriatique.

En opérant ainsi, une tonne de savon enlève au moins 30 litres de lessive ou d'humidité.

Si la chaudière était trop refroidie, on pourrait la chauffer un peu avant de faire l'opération.

MANIÈRE D'EMPLOYER DU SAVON MANQUÉ.

Lorsqu'on a du savon manqué, on peut le plus souvent, à un nouveau brassin, ajouter une quantité de savon manqué égale à la petite moitié de la masse.

Toutefois le moyen le plus sûr consiste à ajouter successivement lorsque le brassin est bien clair et qu'il a déjà une certaine consistance. On peut juger alors sur l'épreuve quand le savon se ramollit et qu'il faut cesser. On recommence dans quelques cas plus d'une fois.

MANIÈRE DE SUPPLÉER AU MANQUE D'HUILE CHAUDE.

Il peut se faire qu'un savon blanchisse parce qu'il contient trop d'huile froide et qu'on ne veuille plus y ajouter de l'huile chaude ou bien qu'on en manque sous la main.

Dans ce cas, l'emploi de l'acide sulfurique en petite quantité peut remplacer toute ajoute d'huile.

Il en serait de même si le savon était trop dur.

A cet effet, on ajoute à un brassin de 25 tonnes 1/5, 1/4, 1/2 ou 3/4 de kilos d'acide sulfurique concentré mélangé dans 10 à 15 litres de petite lessive.

On se sert à cet effet d'un arrosoir.

Dans cette opération une partie de la chaux est enlevée par l'acide qui forme des sulfates, le savon se ramollit et ne blanchit plus.

DIFFÉRENTS MÉLANGES D'HUILES EN HIVER ET EN ÉTÉ.

Avec les lessives caustiques on ne peut employer en hiver en huile froide que le 1/4 de la masse, et en été, suivant la température, 1/3 ou 1/2 de la masse.

Avec l'emploi des lessives non caustiques et de l'acide sulfurique, on peut toujours travailler en hiver, moitié par moitié et même avec 3/5 d'huile froide.

En été, on travaille seules les huiles froides ou avec 1/10 à 1/5 d'huile chaude.

Il est bien entendu qu'il n'y a avantage à employer les huiles froides que lorsqu'elles coûtent moins chères eu égard à leurs rendements.

Ainsi l'oléine, qui donne 250 p. c. de rendement, peut être préférée lors même que son prix est plus élevé que l'huile de lin ou de chanvre, qui donnent 235 et 245 p. c. de rendement, tandis que l'huile de coton, qui ne donne que 230 p. c., doit toujours être meilleur marché.

Dans les mélanges on ne compte pas la résine qui est toujours ajoutée en plus.

En été, lorsqu'on emploie les huiles crucifères, colza, navette, caméline, etc., on obtient les plus beaux savons en employant 5/8 de ces huiles.

Exemple d'un brassin avec 4/5 d'oléine, 1/5 de lin et 15 p. c. de résine :

Oléine	1,114 kilos.
Lin	278 »
Résine	208 »
Total. . .	1,600 kilogr.

MÉTHODE A EMPLOYER LORSQU'ON EMPLOIE BEAUCOUP DE SOUDE.

Lorsqu'on ne dissout pas la soude avec la potasse, quelques précautions sont à prendre dans la manière de s'en servir ; car lorsque le savon est à moité achevé ou vers la fin de la cuite, l'introduction d'une grande quantité de soude pourrait lui faire perdre de son homogénéité, la soude contractant le savon et le portant à la séparation.

En supposant donc que nous travaillions avec 30 p. c. de soude ou les 3/7 de la lessive totale, on emploiera ordinairement les

2/3 de la soude à la fin de l'empâtage et le dernier tiers à la fin de la cuite.

Si notre brassin est par exemple de 40 tonnes de savon, la lessive totale sera de 2,400 litres à 22° et la soude à employer sera les 3/7 ou 1,029 litres à 22° ou environ 1,500 litres à 15°, ce qui fait 1,000 litres après l'empâtage et 500 litres vers la fin de la cuite.

Lorsqu'on travaille avec beaucoup de soude on doit achever le savon très-doux.

Comme avec la soude il se forme beaucoup d'écume, il est bon d'ajouter la résine ou une partie de la résine à la fin du brassin ; de cette façon l'écume se râble tout ou en partie dans le savon, et l'on n'ajoute le reste de la lessive que le lendemain matin, en ayant soin de bien râbler la chaudière.

Ces divers remuages augmentent considérablement la beauté du savon de soude et on n'a à craindre aucun précipité.

On peut aussi commencer sa cuite en ne mettant dans la chaudière que les 2/3 de l'huile avec la lessive moyenne, puis on ajoute 1/3 de la soude à employer. On met ensuite le dernier tiers d'huile et on emploie de suite le second 1/3 de soude. On continue ensuite avec la potasse à 22°, puis avec le dernier 1/3 de soude.

EMPLOI DE LA LESSIVE NON CAUSTIQUE.

Cette lessive peut s'employer vers le milieu de la cuite ou à la fin.

Lorsque le savon est clair sur la spatule et qu'il commence à être clair sur le verre, on emploie de la lessive non caustique de 25° jusqu'à ce que le savon soit parfaitement limpide.

Le savon est parfaitement limpide, lorsque, en se refroidissant sur le verre, il se recouvre d'une peau grasse qui fond sous le doigt.

Si l'on s'apercevait à la mollesse du savon qu'on a employé trop de lessive non caustique, il faudrait y ajouter de l'huile froide.

22

ou chaude et continuer avec la lessive caustique.

La lessive non caustique à employer est ordinairement de 5 à 6 litres par tonne de savon, le 1/12 ou le 1/10 du total de la lessive caustique qu'exigerait le brassin.

Lorsqu'on l'emploie à la fin de la cuite, on doit se rappeler que pour produire l'effet d'une mesure de lessive caustique, il faut deux mesures de lessive non caustique.

Cette lessive par son emploi donne un plus fort rendement.

Il est évident que moins on emploiera d'huile froide, moins on aura besoin de lessive non caustique.

La lessive non caustique en approchant de son maximum ramollit le savon; le trop de mollesse est donc un signe qu'on l'a outrepassé.

MÉTHODE POUR EMPLOYER BEAUCOUP D'HUILE FROIDE.

L'emploi de cette lessive sert donc principalement à épargner en hiver les huiles chaudes de lin et de chanvre et permet l'usage de la 1/2 ou des 3/5 d'huiles froides dans les brassins pendant l'hiver.

DIFFÉRENTES MANIÈRES D'EMPLOYER L'OLÉINE.

Il y a trois matières de travailler les oléines en grande quantité :

1° On peut commencer son empâtage comme d'ordinaire avec la lessive de 15° et employer la lessive non caustique pendant ou à la fin du brassin;

2° La deuxième manière, qui est plus expéditive et qui donne plus de rendement, est généralement employée; elle consiste à commencer et à achever le brassin avec de la forte lessive de 20° à 22°.

On emploie également la lessive non caustique pendant ou à la fin du brassin.

Dans cette méthode on versedans la chaudière, aussitôt que les matières grasses sont liquéfiées, la moitié de la forte lessive nécessaire au brassin pour l'achever.

Ainsi si notre cuite pour être terminée a

besoin de 2,400 litres lessive à 22°, on versera immédiatement dans la chaudière, aussitôt que les matières grasses seront bien fondues, 1,200 litres lessive à 22°.

Lorsque la lessive tombe sur l'huile, celle-ci se transforme en une masse compacte et d'apparence spongieuse. On chauffe doucement et on remue de temps en temps, pour faciliter la dissolution.

On ne doit pas ajouter de la petite lessive ou de l'eau dans l'espoir d'accélérer la combinaison, car ce serait une pure perte de temps.

S'il y a urgence de liquide, on doit y ajouter de la forte lessive, mais cela arrive rarement lorsqu'au commencement le feu est conduit doucement.

Aussitôt que l'empâtage est parfait on peut pousser le feu, on laisse cuire pendant une couple d'heures et on continue ensuite à verser la lessive comme d'habitude par petites portions.

Par cette méthode le savon ne s'étire

jamais beaucoup, il a toujours l'air plus court ;

3° Dans la troisième méthode, que quelques-uns croient plus économique, on ne met dans la chaudière que l'oléine ; lorsqu'elle est bien fondue on y ajoute de suite toute la lessive non caustique du brassin et on chauffe lentement.

On voit alors sortir de la masse des vapeurs blanches qui sont des dégagements d'acide carbonique.

En effet, la lessive non caustique, ou carbonate, porte directement son action sur l'acide oléique qui lui déplace son acide carbonique et le dégage à travers la masse. La portion de potasse libre et caustique se combine alors avec l'acide oléique qu'il saponifie, et qu'il transforme en savon plus ou moins parfait.

On doit bien râbler pendant cette opération.

On ajoute ensuite au brassin l'huile chaude et la résine ; lorsque ces matières sont bien liquéfiées, on y verse environ la moitié de la lessive caustique et on continue comme précédemment.

Si le dégagement de l'acide carbonique n'est pas fini au bout d'une heure, on doit encore ajouter de la lessive non caustique jusqu'à ce que ce fait soit insensible.

Quelle que soit la méthode employée, il arrive parfois en hiver, que le savon blanchit, même avec le maximum de lessive non caustique.

Il suffit pour faire cesser ce défaut d'ajouter au brassin de l'acide sulfurique mélangé avec de la petite lessive et dans les proportions que nous avons déjà indiquées à la page 250.

MÉTHODE DE FABRICATION ANGLAISE.

En Angleterre, on commence et on achève ordinairement son savon avec de la lessive caustique de 15°.

Pendant toute l'opération le savon est saturé d'un léger excès de lessive, et ce n'est que vers la fin qu'on le ramène au point voulu par l'ajoute d'huile.

Supposons un brassin de 1,200 kil. d'huile.

On commence par introduire dans la chaudière 600 kil. d'huile avec 1,000 litres de lessive à 15°. Après une légère ébullition, on ajoute encore 1,000 litres par portions de 250 litres, c'est-à-dire en quatre fois. On laisse ensuite cuire jusqu'à ce que le savon sur l'épreuve se sépare de la lessive. On ajoute ensuite en six fois l'huile restante de la manière suivante :

On commence par ajouter 1/6 ou 100 kil. mélangés avec 100 litres lessive; après trois quarts d'heure d'ébullition, on ajoute encore 1/6 ou 100 kilos d'huile mélangée avec 100 litres lessive, et ainsi de suite 5/6.

Le dernier 1/6 ou les 100 derniers kilos sont ajoutés en trois fois ou par tiers avec 1/2 ou 1/3 de leur poids forte lessive à 22°.

Ce sont ces dernières introductions qui doivent clarifier le savon et lui donner la consistance nécessaire.

Comme je l'ai fait remarquer, le savon doit toujours montrer un excès de lessive avant qu'on y ajoute de l'huile et, par conséquent, doit toujours être court.

Il faut toujours que le savon, sur la spatule, devienne gris blanc.

Le savon est achevé peu mordant.

Les Anglais prétendent que cette manière de faire empêche toute évaporation des matières grasses et donne plus de rendement.

Dans tous les cas, cette méthode est utile lorsqu'on n'a que des lessives faibles à sa disposition.

CHAPITRE III.

—

Lorsqu'un savon mou est parfaitement fait avec de l'huile de lin, de manière qu'il n'ait pas le moindre excès d'eau, l'analyse chimique donne :

Acides gras	44
Potasse pure	9.50
Eau de composition	46.50
	100.00

Lorsqu'on emploie 10 p. c. de résine, on trouve :

Acides gras	39.09
Résine	3.95
Eau de composition	47.30
Potasse	9.66
	100.00

Ce qui fait chimiquement pour 100 kil.

de matières grasses 228 p. c. de rendement, et avec 10 p. c. de résine 233 p. c.

Dans la pratique avec 10 p. c. de résine on trouve toujours 240 p. c. et le savon se compose de :

Acides gras	38.15
Résine	3.85
Potasse	10.00
Eau de composition . .	48.00
	100.00

MÉTHODE POUR DÉTERMINER LE TEMPS QU'UN SAVON SE CONSERVERA OU MANIÈRE DE S'ASSURER S'IL POURRA RÉSISTER A UNE TEMPÉRATURE DONNÉE.

A cet effet, on se sert des objets suivants :

1° Un thermomètre sans bois ;

2° Un tube en verre fermé à une extrémité, d'environ 20 centimètres de longueur sur 20 millimètres de diamètre ;

3° D'une éprouvette ordinaire.

Lorsque au commencement de l'été on fait du savon et que l'on veut s'assurer s'il pourra résister aux grandes chaleurs, on l'essaie avec cet instrument. De même, en faisant du savon au commencement de l'hiver, on peut vouloir s'assurer s'il pourra résister aux grands froids, et alors encore on a recours à l'appareil.

L'opération consiste donc à plonger le savon dans un liquide ayant la température que l'on veut essayer, afin de se convaincre qu'il ne change pas.

Comme en été, un savon qui peut supporter une chaleur de 20 degrés Réaumur ne se ramollira pas par une augmentation de température, on l'essaie à ce degré.

Pour cela on remplit l'éprouvette d'eau ayant 20 degrés Réaumur et on y plonge le tube en verre renfermant le savon à essayer.

On introduit au préalable le thermomètre dans le tube en verre, de manière qu'il soit dans le savon.

Aussitôt que le thermomètre indique que le savon est à 20 degrés Réaumur, on retire, après quelques minutes, le tube en verre de l'éprouvette.

Si le savon s'est conservé clair et ferme on peut avoir la certitude qu'il résistera à toutes les chaleurs de l'été.

Pour avoir un liquide marquant 5, 10, 15, 20 et 30 degrés de froid, voici ce que l'on fait :

1° On prend de la neige que l'on mélange avec du sel de cuisine, et suivant la quantité de sel que l'on ajoutera, on aura un milieu qui donnera 5°, 10° ou 15° de froid.

Ou bien on prend 150 grammes sulfate de soude cristallisé (sel de glauber) et en versant sur cette quantité 200 grammes d'acide muriatique, on obtiendra, suivant qu'on laissera fondre le glauber 5, 10 ou 15 degrés de froid ;

2° Pour avoir 20 et 30 degrés de froid, on peut prendre 2/3 de neige et 1/3 acide sulfurique.

Le procédé que nous venons d'indiquer peut aussi servir à rechercher les différentes quantités de soude que les huiles peuvent supporter.

L'analyse d'un savon consiste à rechercher les quantités suivantes :

1° huile ; 2° résine ; 3° potasse ; 4° soude ;
5° eau ; 6° substances étrangères

A cet effet, on verse dans un petit bocal
100 grammes d'eau chaude et on y ajoute
20 gram. de savon. On agite bien et quand
la dissolution est complète on y ajoute de
l'acide sulfurique jusqu'à ce que le savon
soit décomposé. On laisse reposer et lorsque
le tout est refroidi on enlève soigneusement
les matières grasses et on les fait refondre
avec 20 grammes de cire blanche bien
sèche. On laisse refroidir et on recueille les
matières grasses, qui ayant acquis de la consistance, sont essuyées soigneusement avec
du papier buvard et pesées. En déduisant
de leur poids la cire ajoutée, on a le poids
exact des acides gras du savon.

Pour avoir la quantité de résine, on divise
en deux le gâteau des matières grasses, on

en pèse l'une des parties et on la fait dissoudre à chaud dans six fois son poids d'alcool concentré (92°).

Quand la dissolution est complète on y verse un peu plus d'eau bouillante qu'elle ne contient d'alcool, et à l'instant la séparation se fait et le liquide devient laiteux et opaque.

On laisse refroidir et on prend les acides gras, on les sèche et on les pèse. La différence de ce poids avec celui constaté avant la dissolution dans l'alcool donne la proportion de résine employée.

Si l'on veut savoir maintenant combien le savon renferme d'alcali, voici ce que l'on fait :

On fait dissoudre à chaud dans 100 gr. d'eau 20 grammes de savon.

Lorsque la dissolution est complète, on cherche avec l'alcalimètre le degré du liquide, en saturant simplement le mélange par la liqueur alcalimétrique. Le titre pondéral de l'alcali renfermé dans les 20 grammes de savon essayé, est donné par le nombre de divisions de liqueur acide employée pour la saturation.

Si l'on ne veut prendre qu'une pipette du liquide, on est ramené à chercher la richesse d'une lessive.

Si l'on veut connaître respectivement les quantités de potasse et de soude, on calcine à une forte chaleur, dans un creuset en porcelaine, 20 grammes du savon qu'on veut essayer. On dissout ensuite ce résidu dans 100 grammes d'eau bouillante, et on passe la solution par un filtre en papier sans colle.

On sature ensuite cette liqueur par l'acide hyperchlorique et on évapore à siccité.

On traite ensuite le produit desséché par l'alcool concentré. Il se forme alors un produit insoluble qui est l'hyperchlorate de potasse, l'hyperchlorate de soude étant soluble dans l'alcool. Connaissant les proportions respectives de ces deux hyperchlorates, on détermine par le calcul, dans quel rapport ces bases existent dans le savon.

Les 20 grammes de savon calciné pesés donnent la quantité d'eau qu'il y avait dans le savon.

Si le savou contient des matières terreuses, on les trouve au fond du bocal, après l'avoir décomposé par l'acide sulfurique.

Pour connaître la nature de ces substances, voici ce que l'on fait :

On introduit dans un flacon 25 grammes de savon et on y ajoute 150 grammes d'alcool concentré ; on le bouche très-légèrement et on le place dans un bain-marie d'eau bouillante que l'on chauffe d'abord légèrement, de manière que l'alcool n'entre en ébullition qu'au bout d'une demi-heure.

Lorsque le savon est complétement dissous, on retire le flacon du bain-marie, on le bouche bien pour éviter l'évaporation de l'alcool et on le dépose pendant une vingtaine de minutes dans un endroit frais.

Au bout de ce temps, si le savon contient des matières étrangères, il y aura dépôt que l'on sépare du savon liquide, qu'on lave par

un peu d'alcool bouillant et que l'on dessèche.

On divise ensuite ce dépôt en deux parties.

On traite l'une de ces parties par 20 gr.
d'eau froide qui dissolvera les sels solubles,
potasse, soude et sel marin, et n'aura pas
d'action sur les matières terreuses et les fé-
cules.

On décante la partie liquide et on y ajoute
quelques gouttes de nitrate d'argent ; s'il se
forme aussitôt un précipité blanc très-abondant, il indiquera la présence du sel marin.

On traite ensuite par une petite quantité
d'eau bouillante la partie du dépôt qui est
restée insoluble dans l'eau froide.

S'il se forme une bouillie on y versera
quelques gouttes d'iode, et si la liqueur devient violette, le dépôt est formé de fécule.

On prend ensuite l'autre partie du dépôt
desséché qu'on a laissée intacte, on la sature
par l'acide nitrique, et, pour faciliter la réaction, on chauffe légèrement le mélange dans
une capsule de porcelaine.

23*

Si au contact de l'acide nitrique il y a eu effervescence, le dépôt renferme un carbonate de chaux.

La saturation étant complète lorsque le mélange rougit le papier tournesol, on y ajoute 30 grammes d'eau distillée ; on agite et on filtre.

Si l'on ajoute à cette liqueur quelques gouttes d'ammoniaque et qu'il se forme un précipité blanc très-abondant, ce précipité est de l'alumine.

Si le dépôt d'alumine se cristallise par le repos, c'est de l'alun.

On peut aussi, en versant dans cette liqueur de l'oxalate d'ammoniaque, trouver la chaux qui forme alors un oxalate insoluble.

Les précipités d'alumine et d'ammoniaque doivent se redissoudre par un léger excès d'acide nitrique ou hydrochlorique.

PROCÉDÉS DE DOSAGE DES SAVONS, D'APRÈS CAILLETOT.

A cet effet, on prépare d'abord deux liqueurs d'épreuves :

1° *Acide normal ;*

2° *Liqueur alcaline.*

L'acide normal se prépare en versant 189 grammes 84 d'acide sulfurique concentré dans de l'eau distillée, de manière que le tout fasse un litre à la température de 15°.

La liqueur alcaline se prépare en prenant 44 grammes 046 de carbonate de soude desséché qu'on fait dissoudre dans une quantité d'eau distillée suffisante pour obtenir un litre de solution.

Ces deux liqueurs doivent être conservées dans des flacons bien bouchés, pour s'en servir au besoin.

Il s'agit maintenant de déterminer le poids de la matière grasse, de l'eau et de l'alcali, sans avoir recours à la pesée.

Pour obtenir ce résultat, on se sert d'un

tube gradué, dit alcalimètre, pouvant bien se boucher.

On y introduit 10 centimètres cubes d'acide normal mesurés bien exactement, auquel on ajoute ensuite 20 centimètres cubes d'essence de térébenthine, que l'on mesure aussi avec précision ; après quoi l'on pèse 10 grammes de savon que l'on introduit dans le tube. On bouche celui-ci avec le liége préparé à cet effet ; on agite pendant quelques minutes jusqu'à ce que le savon soit dissous ; on l'abandonne au repos. Un quart d'heure suffit pour que la séparation de la térébenthine de la matière grasse dissoute et de l'eau soit complète. La partie la plus pesante, qui est l'eau, le sulfate de soude et l'acide sulfurique, gagne rapidement la partie la plus inférieure du tube ; la partie la plus légère, formée de térébenthine et de matière grasse, en occupe la partie supérieure ; enfin, une couche formée d'un peu de matière albumineuse ou animale en occupe la partie moyenne. Cette dernière couche, qui n'est ni de la matière grasse ni de l'eau, est quelquefois assez volumineuse pour occuper toute la capacité du tube où se trouve l'acide normal. Une légère agitation suffit pour la rassembler en une couche très-mince. En cet état, elle se trouve placée entre l'acide normal et la térébenthine.

Quand le savon contient de la résine, cette substance se sépare de la matière grasse ; elle forme une couche qui se place entre la térébenthine et l'acide, mais elle conserve son volume, quoi qu'on fasse pour la rassembler en une couche mince.

Le volume de la térébenthine, y compris la matière grasse, doit être diminué environ de 1/2 division, soit 1/4 de centimètre cube, et le volume de l'eau doit être augmenté de 1/4 de centimètre cube. Cette correction doit être faite, parce que l'eau s'attache aux parois du tube, dont elle diminue le diamètre, ce qui fait que le volume le plus léger est un peu augmenté, et que le volume le plus pesant est un peu diminué.

Supposons qu'un savon nous ait donné un volume de 79 div. 5, et que le volume de l'acide normal et de l'eau contenue dans les 10 grammes de savon essayé soit de 34 divisions, on a

Volume total . . . . . . $79^d.5$
Moins le volume de l'acide et
    de l'eau. . , . . . $34 .0$
Pour la correction . . . $0 .5$
____
Ce qui donne. . . . . $48 .0$
Moins le volume de la téré-
    benthine . . . . . $40 .0$
____
    Le reste . . . . $8^d = \frac{8^{cc.}}{2} = 4^{cc.}$

Comme il a été employé $10^{cc.}20$ divisions d'acide normal, et qu'après la décomposition du savon, le volume de l'eau acide est de 34 divisions 5, on a

$$\frac{31^{cc.}5}{2} = 15^{cc.}75 - 10^{cc.} = 5^{cc.}75,$$

ce qui fait matières grasse $4^{cc.}$
        eau et potasse 5.75
____
      Total. . 9.75

Le savon étant plus pesant que l'eau, le volume $9^{cc}.75$ en savon peut représenter le poids de 10 grammes d'eau.

CHAPITRE IV.

—

SAVON MOU BRUN DEMI-FERME.

Ce savon mou se fabrique avec 20 p. c. huile de lin, 40 p. c. suif, 40 p. c. palme blanchie et avec 40 p. c. de soude, c'est-à-dire autant de lessive de soude que de lessive de potasse.

Lorsqu'il est achevé on y ajoute 2 p. c. de résine en savon résineux, saponifié par la potasse.

On peut à ce savon ajouter des mélanges.

SAVON MOU BLANC POUR FILATURE.

Ce savon se compose en hiver de 60 p. c. huile de lin et 40 p. c. huile de palme blanchie et en été de 60 p. c. huile de colza avec 40 p. c. palme blanchie.

Pour le fabriquer on n'emploie pas de soude.

SAVON MOU BLANC.

Ce savon, comme le savon brun, reste toujours huileux au toucher.

Il se fabrique exactement comme le savon brun.

Il se compose ordinairement de 40 p. c. lin, 60 p. c. palme blanchie, ou bien 60 p. c. suif, 10 p. c. coco et 30 p. c. huile de baleine.

On y ajoute toujours 10 p. c. résine blanchie.

Dans la lessive on emploie 35 p. c. soude ou les 2/5 de la masse; on pourrait aussi employer 60 p. c. oléine et 40 p. c. suif.

Lorsque le savon est achevé et pour le rendre plus blanc, on ajoute à la chaudière une certaine quantité de sel, 2 p. c. par tonne de savon ou 100 kil., ou bien on ajoute le sel en faisant une lessive de 28°.

24

SAVON MOU BLANC EXTRA, CRÈME D'AMANDE.

Il se fabrique comme le savon brun et se compose comme suit :

100 kil. graisse blanche.

20 kil. huile de coco.

Lorsque le savon est refroidi dans la chaudière, on le verse dans de petits tonnelets où on le conserve pour l'usage.

On n'emploie que de la potasse.

On peut parfumer ce savon, en y incorporant peu à peu 120 à 150 grammes, par 10 kil. savon, soit d'essence d'amandes amères, soit tout autre parfum. On pourrait aussi employer 800 grammes teinture de benjoin ou 500 grammes teinture de vanille avec 5 grammes d'essence de rose.

A ce savon mou ainsi préparé, on peut donner cet aspect brillant et nacré qu'on recherche pour l'usage de la toilette. A cet effet, on le pile dans un mortier avec un pilon de bois. L'opération est terminée lorsque le savon forme une pâte douce et homogène, mais plus il est battu plus il est beau. L'effet du pilon développe dans le savon ces points brillants et nacrés d'un reflet si agréable à l'œil.

SAVON MOU QUE PEUVENT FAIRE LES ÉTABLISSEMENTS
DE BLANCHIMENT.

Ce savon sert spécialement à blanchir le fil de coton. On commence par faire sa lessive de la manière suivante :

On prend 150 kil. cendres d'aulne, de bouleau ou de genévrier, que l'on peut souvent se procurer chez les boulangers, avec 25 kil. chaux. On met le mélange dans une chaudière et on y ajoute de l'eau jusqu'à ce que la masse soit bien humectée ; à cet effet on remue avec une pelle. On y ajoute ensuite 200 litres d'eau bouillante après agitation et repos ; on décante, on fait rebouillir à part ce liquide et on le rejette de nouveau sur le marc et ainsi de suite jusqu'à ce que la lessive supporte un œuf, c'est-à-dire qu'il surnage.

Cette lessive ainsi préparée sert à faire le savon.

Il se compose de :

70 p. c. de suif ;

30 p. c. de graisse.

Lorsqu'il est achevé on y ajoute ordinairement 30 kil. de sel.

Le lendemain on le fait bouillir pendant trois quarts d'heure dans 300 à 400 litres de bière forte.

Pour blanchir, par exemple, 125 kil. de fil de coton, on prend 50 kil. de savon, on fait bouillir le tout dans 1,600 litres d'eau pendant 1 heure 1/2.

On tend ensuite le fil sur un arc et on l'expose au soleil, enduit de savon.

A mesure qu'il sèche, on l'humecte légèrement avec un arrosoir. Après 4 ou 5 jours, lorsqu'il est bien blanc, on le nettoie avec du savon mou ordinaire et on le rince dans de l'eau salée.

SAVON MOU QUE PEUT FAIRE CHAQUE MÉNAGE.

La lessive se fait comme suit :

On prend l'eau de lessive après qu'elle a servi au blanchiment du linge, on la fait bouillir avec 1/20 de son poids de chaux et on la concentre jusqu'à ce qu'elle supporte un œuf sans qu'il s'enfonce.

Pour faire le savon, on met dans un pot de grès tous les déchets du ménage, l'huile rance, les restes des graisses, les bouts de chandelles, etc. On y ajoute de la lessive ci-dessus, en agitant souvent, et on obtient bientôt un savon plus ou moins solide.

On met ordinairement pour deux proportions d'huile une de lessive. Ce savon est très-économique et très-propre au blanchissage du linge. On ajoute toujours du sel, ordinairement 6 p. c. des matières grasses.

SAVON MOU A DÉTACHER.

A cet effet, on prend 3 kil. dé savon mou blanc ou brun que l'on mélange

24*

avec un fiel de bœuf entier, quatre blancs d'œufs, et un kilogramme d'alun en poudre calcinée.

Quand tout a été bien battu ensemble, on le place dans un lieu humide pendant 24 heures.

Si le savon n'est pas parfait, on le place dans un lieu sec, jusqu'à ce qu'il ait pris de la consistance.

SAVON MOU DE LAINE.

On porte à l'ébullition une forte lessive caustique et l'on y ajoute de vieux morceaux de laine ou de drap, en remuant sans cesse le mélange. Le savon est achevé quand la lessive ne peut plus en dissoudre. Ce savon sert aussi dans les manufactures pour le blanchiment.

SAVON MOU RÉSINEUX.

Il se fabrique avec :

60 p. c. suif,
40 p. c. résine.

et 40 p. c. soude; on les lessive à parties égales.

On appelle aussi savon résineux la résine seule saponifiée, mais alors il ne sert qu'à être incorporé dans un autre savon.

Pour faire le savon avec la résine seule, on procède comme il suit :

Lorsque la lessive de 22° commence à bouillir, 100 litres par exemple, on y projette par 10 kil. à la fois, 200 kil. de résine réduite en poudre.

Il est essentiel de modérer le feu pour que la chaudière ne déborde pas, car la résine a une forte propension à se dilater. Il faut que pendant toute la durée de l'opération, le mélange soit maintenu à une température voisine de l'ébullition, sans qu'il soit absolument nécessaire de faire bouillir.

Si, cependant la chaleur n'était pas suffisante, le savon s'épaissirait et deviendrait noir. Maintenu à la température de l'ébullition, il est toujours parfaitement limpide.

Chaud ce savon est très-fluide. On ajoute de la lessive jusqu'à complète saponification.

SAVON DONNANT 400 P. C. DE RENDEMENT.

Pour cela on prend :

75 p. c. suif,

25 p. c. huile de coco,

avec 10 p. c. soude ou le 1/3 de la masse.

Lorsque le savon est achevé très-mordant, on y ajoute de l'eau salée de 20°, jusqu'à ce que sur l'épreuve il n'ait plus d'adhérence avec le verre et que refroidi il forme une forte colle.

CHAPITRE V.

—

Le sel marin ayant la grande propriété
de séparer complétement le savon de toutes
ses dissolutions aqueuses, rend le savon
plus alcalin ou plus court ; on ne peut donc
en employer trop.

Lorsque le savon est déjà court, on peut
employer l'eau salée de 5° et, d'après sa
longueur, de 10 ou 15 degrés. On en introduit ordinairement dans le savon 5 p. c. de
son poids.

On ne peut se servir des eaux salées
qu'à la fin de la cuite ; c'est-à-dire, lorsque
toutes les matières grasses sont complétement combinées avec les lessives ; s'il en
était autrement, les huiles non saponifiées
resteraient à la surface et leur incorporation

deviendrait très-difficile ; car le sel marin, dont la pâte serait alors imprégnée. opposerait un obstacle à une prompte combinaison des lessives avec l'huile.

Le sel produit aussi l'effet de la soude.

La quantité de sel par 100 kil. savon varie entre 1/2 à 3/4 de kilos. On doit toujours voir aux épreuves quand il faut cesser.

Si l'on avait légèrement dépassé la limite, on s'en apercevrait au savon qui aurait perdu une partie de sa clarté, et pour réparer la chose, il suffirait d'ajouter au brassin 1/4 kilo résine en poudre ou huile, par 100 kil. matières grasses et fortement mélanger le savon.

L'eau salée peut s'ajouter dans toutes les saisons.

Avec les savons mous blancs, on peut ajouter un peu plus de sel et les degrés vont alors de 20 à 28, car leur transparence n'en souffre pas.

18 kil. de sel marin donnent en moyenne :

100 litres lessive à 20°.

DIFFÉRENTES MANIÈRES D'EMPLOYER LA FÉCULE A FROID ET A CHAUD.

Depuis quelques années beaucoup de savonniers ont essayé d'employer la fécule et ont plus ou moins réussi dans la pratique, mais seulement un ou deux que je sache ont su en tirer tout le profit possible.

La première méthode d'employer à froid la fécule, consiste à la délayer complétement dans de la lessive de potasse non caustique et d'incorporer, par portions, ce mélange dans le savon, lorsqu'il est parfaitement achevé et qu'on a retiré le feu du fourneau.

On peut employer la fécule bien blanche ou la fécule grise, en ayant soin avec cette dernière de diminuer toujours d'un kilo la quantité de fécule blanche à incorporer par 100 kil. matières grasses.

Ainsi si l'on peut se servir de 4 kil. fécule blanche, on ne pourra prendre que 3 kil. fécule grise.

Cela posé, voici comment on opère :

Pour avoir un savon qui ne perde rien de sa transparance, on prend par 100 kil. matières grasses 3 ou 4 kil. fécule blanche avec 18 ou 24 kil. lessive non caustique de 17° à 18°.

Lorsque le mélange forme un beau lait de fécule, on l'incorpore en plusieurs fois dans le savon, après qu'on a retiré le feu, en ayant soin de bien remuer la chaudière, au moins une heure.

Avec 5 kil. fécule blanche la transparance est légèrement amoindrie et sensiblement avec 6 kilos, quantité qu'on ne peut dépasser sans faire des savons opaques.

La seconde manière consiste à délayer 3, 4, 5 ou 6 kil. fécule blanche dans deux fois et demie, la quantité d'eau salée à 5°, 10° ou 15°.

Ainsi 4 kil. fécule
avec   10 kil. eau salée.

La meilleure manière de délayer la fécule consiste à ne verser que peu d'eau salée à la fois jusqu'à ce que la pâte soit bien imprégnée, on peut ensuite verser plus rapidement.

Lorsque toute la fécule est incorporée on y ajoute de la lessive non caustique à 25°, ordinairement une quantité égale à quatre fois le nombre de kilos de fécule.

On ne peut, au risque de rendre le savon plus liquide ou de perdre un des avantages de la fécule, employer la lessive caustique; on doit même avoir grand soin de finir son savon très-doux, de manière qu'il n'y ait pas de lessive caustique de libre.

Afin d'être certain du fait, on ajoute souvent, avant de mettre la fécule, un peu de résine.

Ces deux méthodes d'employer la fécule à froid sont très-faciles et donnent de 10 à 15 p. c par 100 kil. savon.

La vraie manière d'employer la fécule et d'en retirer tous les avantages est de s'en servir à chaud. Cependant, comme je l'ai dit, très-peu de savonniers, pour ne pas dire aucun, se servent de cette méthode. Elle consiste à transformer la fécule en empois avant de l'incorporer ; or, les matières amylacées forment avec 16 p. c. d'eau à 70° l'empois qui est soluble à chaud dans 200 p. c. d'eau. Cette propriété sert de point de départ.

Après avoir achevé son savon très-doux et avoir, pour toute sûreté, ajouté un peu d'oléine saponifiée et non distillée ou un peu de résine, on donne au brassin un excès de lessive en y ajoutant de la lessive non caustique à 25°.

On chauffe ensuite dans une chaudière ordinairement 1 kilo fécule blanche par 100 kil. savon avec 20, 30 ou 40 litres d'eau un peu alcaline (c'est-à-dire pesant tout au plus un degré Beaumé avec de la lessive caustique), suivant la longueur du savon.

Lorsque le mélange est devenu vitreux, ce qui arrive habituellement à 75° de chaleur, on tire le feu, on laisse refroidir jusqu'à 50° et on incorpore le mélange au

savon, lorsque celui-ci est aussi arrivé à 50°.
On doit bien râbler jusqu'à ce qu'on ait la
certitude que la chaudière est parfaitement
homogène.

Avec cette méthode on n'emploie ordinairement pas plus de 1 kil. 50 de fécule
par tonne ou environ 4 kil. par 100 kil. de
matières grasses.

Les rendements varient de 25 à 50 p. c.
par 100 kil. savon.

OBSERVATIONS IMPORTANTES SUR L'EMPLOI DE LA
FÉCULE.

Comme nous l'avons déjà dit, le savon
doit être achevé très-doux, gras à la langue,
de manière qu'il n'y ait pas d'alcali caustique
de libre, sous peine de perdre de la solidité
du savon, et tout savon contenant de la
fécule ne peut plus bouillir.

La cuisson décomposerait l'empois et la
fécule ne formerait plus que de petits gru-
meaux dont la majeure partie se précipi-
terait.

Une bonne farine contient en moyenne :

Amidon 72.80
Gluten sec . . . 10.20
Glucose 4.20
Dextrine. . . . 2.80
Eau 10.00
————
100.00

100 kilos de pommes de terre donnent 16 p, c. de fécule.

DE L'ALUN, SA COMPOSITION, SES USAGES.

L'alun est un sulfate double d'alumine et de potasse.

On en distingue trois variétés :

Alun de Rome ;

Alun aluminé ;

Alun de fabrique ; ou bien dans le commerce, on trouve l'alun de Rome, l'alun de Paris et l'alun de Liége.

L'alun est blanc, diaphane ; il cristallise tantôt en octaèdres réguliers, tantôt en cubes. Ce dernier est le plus estimé, parce qu'il ne peut se former que dans les liqueurs qui contiennent un excès d'alumine.

L'alun de Rome a une teinte légèrement rosée, mais comme elle peut s'imiter, elle ne peut servir de signe distinctif.

Çe sel est acide ; il rougit la teinture de tournesol. Sa saveur est styptique et très-astringente ; sa densité est de 1,710.

Il s'effleurit légèrement à l'air sec.

L'alun est peu soluble dans l'eau froide qui, à la température de 15°, n'en dissout que les 6,5 de son poids ; il l'est beaucoup au contraire dans l'eau bouillante, qui en dissout plus que son poids ; une grande quantité d'alun cristallise par le refroidissement et c'est sur cette propriété que repose le mode de purification de ce sel.

Chauffé à une température de 100°, il fond dans son eau de cristallisation et si on le laisse refroidir, il se solidifie en masse diaphane et constitue ce qu'on appelle l'alun de roche.

Chauffé à 300°, il se boursouffle, aban-

donne son eau qui se volatilise, et se **trans-**
forme en une masse blanche et opaque
très-légère.

Dans cet état, il est désigné sous le nom
d'alun calciné, que l'on prépare ordinairement dans une petite chaudière en fer, en
calcinant 1 kilo d'alun à la fois. Dans cette
opération, on ne doit pas élever la température jusqu'au rouge, car on décomposerait
l'alun et on obtiendrait pour résidu un
mélange d'alumine libre et de sulfate de
potasse. Les dissolutions d'alun sont préci-
pitées en blanc par l'ammoniaque, la potasse
et la soude. Le précipité qui se forme est
de l'alumine.

D'après Payen l'alun est composé de :

Acide sulfurique . . .	33.77
Potasse	10.82
Alumine	9.94
Eau.	45.47
Total . .	100.00

L'alun sert aux pelletiers dans leurs compositions pour préserver des vers ; sert au collage de la pâte de papier, à la clarification des colles animales, à durcir les suifs, comme mordant dans la teinture ; entre dans les laques et est employé en savonnerie comme ajoute ou mordant.

MANIÈRE DE L'EMPLOYER DANS LE SAVON.

On fait fondre dans de l'eau bouillante 4 kil. d'alun calciné par 100 kil. de matières grasses ; lorsque la dissolution est complète, on y verse de la potasse ou de la soude, jusqu'à ce que l'on voie des flocons nuageux venir du fond.

L'alun est ainsi précipité et l'acide sulfurique se dégage.

Si, en y plongeant le papier de tournesol, il changait de couleur, il faudrait encore ajouter de la forte lessive, jusqu'à ce que le papier de tournesol restât bleu.

On laisse reposer et lorsque le mélange est bien déposé, on décante la partie liquide et on délaie dans de l'eau salée le marc ou dépôt que l'on ajoute au savon.

Si le savon avait besoin de lessive on l'ajouterait après.

Si l'alun n'était pas calciné, le précipité qui se forme par la forte lessive de potasse ou de soude, et qui est de l'alumine gélatineuse, serait soluble dans l'alcali, et le dépôt serait insignifiant.

DES SILICATES DE POTASSE ET DE SOUDE.

Les silicates forment la base des différentes espèces de verre, du cristal, des émaux et des pierres précieuses artificielles.

Les silicates alcalins, qui contiennent un fort excès de base, c'est-à-dire de potasse ou de soude, forment un verre soluble.

Le silicate de potasse s'obtient en ajoutant dans un creuset qui contient de la potasse en fusion, de l'acide silicique autant qu'elle peut en dissoudre à la température rouge.

Par le refroidissement, on obtient une masse transparente, incolore, insoluble dans l'eau et dans les acides, connue sous le nom de verre.

L'acide silicique peut se combiner en différentes proportions avec la potasse et la soude et former des silicates basiques, neutres et acides.

Ceux qui renferment une forte proportion de potasse ou de soude sont très-fusibles, mais ils perdent la propriété d'être insolubles dans l'eau ; ils constituent alors le verre soluble.

CHOIX DES SILICATES ET OPÉRATION A LEUR FAIRE SUBIR POUR LES EMPLOYER.

Pour les savons il ne faut que des silicates non alcalins ; on les reconnaît pour tels, lorsqu'ils sont insolubles dans l'eau froide et presque insolubles dans l'eau chaude.

Il faut donc que les silicates à employer ne contiennent ni du plomb, ni du fer et presque pas de potasse ou de soude.

Pour se procurer facilement ces silicates,

on les commande dans une petite verrerie.

Pour se servir du silicate, il faut le faire moudre et le soumettre avec la vapeur à une pression de quatre atmosphères.

Ensuite on en fait une lessive de 30° Beaumé, que l'on ajoute au savon, lorsqu'il n'a plus qu'une température de 50°, au moyen d'un arrosoir.

Il est indispensable de bien râbler le savon.

EFFETS DES SILICATES SUR LE SAVON.

Les silicates durcissent le savon, et lorsqu'on en met en excès il devient trop dur et cassant. Cette propriété n'a souvent lieu que quelques jours après son refroidissement.

UN MOT SUR LES SULFATES DE BARYTE, LES CARBONATES DE CHAUX, PIERRE A FUSIL, CRAIE, BLANC D'ESPAGNE ET DE MEUDON, BLANC FIALIN, LES SILICATES D'ALUMINE, KAOLIN, TERRE DE PIPE ET LA COLLE FORTE.

Toutes ces substances, qui n'ont rien de détersif, sont des fraudes grossières qui

n'ont pour but que de donner plus de pesan-
teur au savon.

Ordinairement pour 100 kilos de matières
grasses on prend 5 kilos d'argile que l'on fait
cuire pendant quelque temps avec le double
de forte lessive et l'on râble le tout ou une
partie dans le savon à moitié refroidi.

APPENDICE.

—

CHAPITRE PREMIER.

—

CRISTAUX DE SOUDE.

On appelle cristaux de soude le carbonate de soude cristallisé.

Quoique d'un usage moins général que la soude, ce sel est employé dans les fabriques de savon dur pour préparer la lessive de soude pure.

Ces cristaux sont des prismes rhomboïdaux, efflorescents, d'une saveur caustique, solubles dans l'eau, insolubles dans l'alcool.

FABRICATION.

On peut obtenir les cristaux de soude, soit en faisant bouillir la soude brute, soit en employant la soude raffinée.

La soude brute a ordinairement 35° alca-

26

limétriques et coûte de 13 à 15 francs les 100 kilos.

La soude raffinée a de 80 à 90 degrés alcalimétriques et coûte de 30 à 35 francs les 100 kilos.

Lorsque l'eau de la chaudière commence à évaporer, on y fait dissoudre la soude par portions, en ayant soin de bien remuer avec un râble. On continue jusqu'à ce que la solution bouillante marque 28, 30 ou 34 degrés Beaumé.

CLARIFICATION.

On y ajoute ensuite 1/1000, de la capacité de la chaudière, de chaux vive délayée avec de l'eau.

Après quelques minutes d'ébullition on retire le feu et un quart d'heure après on verse dans la masse, contre la paroi de la chaudière, 20, 40 ou 60 litres d'eau, suivant sa capacité.

Le lendemain, lorsque la liqueur est clarifiée, on la décante au moyen d'un siphon dans des bacs en tôle de la contenance de 25 à 30 litres, que l'on place en gradins les uns sur les autres au moyen de lattes de bois interposées.

CRISTALLISATION.

Au bout de 2 à 3 jours la cristallisation est effectuée, on sépare le sel des eaux mères et on le met à égoutter.

Pour mettre le sel à égoutter ou pour le faire sortir des bacs à cristallisation, on tient quelques minutes ces bacs dans l'eau chaude, et les retournant ensuite, les cristaux en tombent sur-le-champ.

Avec la soude raffinée les cristaux sont plus beaux, mais ce sel en augmente le prix.

Pour la clarification on peut aussi employer le chlorure de chaux solide ou liquide, mais avec ce dernier on doit employer 1/100 du poids de la masse au lieu de 1/1000.

Lorsque pour les cristaux les lessives n'ont été concentrées qu'à 28° ou 30°, on a une cristallisation moins riche, mais les produits sont beaucoup plus purs ; à 34° la soude caustique et les sels étrangers cristallisent avec le carbonate de soude.

Les eaux mères peuvent être concentrées à 34° et donner une nouvelle quantité de cristaux de soude qu'on peut purifier en les faisant dissoudre dans la moitié de leur poids d'eau bouillante.

Les eaux mères incristallisables renferment encore 40 à 50 p. c. de soude et ramenées à 10° servent à une nouvelle chaudière ou bien souvent à faire de la soude caustique ou de l'eau de javelle.

COMPOSITION DES CRISTAUX DE SOUDE ET RENDEMENT.

L'analyse chimique démontre que ce sel est composé de :

Soude pure . .	21.78
Acide carbonique	15.42
Eau	62.80
	100.00

Il en résulte que 37.20 kilos de soude donnent 100 kilos de cristaux ou que 100 kilos de soude donnent 270 kilos de cristaux.

Comme dans la pratique il y a toujours quelques pertes, on ne doit compter que sur 250 p. c. de rendement.

EMPLOI DU SULFATE DE SOUDE.

Lorsque avec les eaux mères on ne fait point des soudes caustiques ou de l'eau de javelle, on peut produire des cristaux meilleur marché en employant le sulfate de soude qui ne coûte que 10 à 12 francs les 100 kilos.

A cet effet on donne à la lessive 12° ou 18° de sulfate sur les 36° voulus.

On doit alors bien remuer la chaudière, car le sulfate et la soude ont une forte propension de former ensemble des croûtes au fond de la chaudière.

Quelquefois on fait la lessive de sulfate à part et on la mélange ensuite.

Les cristaux avec du sulfate sont toujours plus blancs, mais aussi un peu plus opaque et moins bien cristallisés.

26*

ANALYSE DES CRISTAUX.

Les cristaux pouvant contenir, comme nous venons de le voir, une partie plus ou moins forte de sulfate de potasse, on peut vouloir s'assurer combien ils renferment d'alcali pur.

A cet effet on en prend 50 grammes, que l'on fait fondre dans un peu d'eau et on sature le liquide par la liqueur alcalimé-trique.

Si on a, par exemple, trouvé que ces 50 grammes renferment 1 gr. 089 de soude pure, 1 kil. en renfermera 21,78 et ces cristaux seront parfaits.

Pour s'assurer de la quantité d'eau, on peut en faire calciner 50 grammes.

On peut donner une légère teinte bleue aux cristaux, en incorporant dans la lessive un peu d'indigo.

Il est bon, après chaque opération, ou tout au moins toutes les deux fois, de bien nettoyer la chaudière.

CHAPITRE II.

La soude caustique liquide est une lessive de soude rendue entièrement caustique par la chaux vive.

A cet effet, on fait une lessive de soude de 25° et on y ajoute 70 p. c. de chaux du poids de la soude.

On évapore ensuite jusqu'à 36°, on laisse reposer et on décante. On peut s'assurer par l'eau de chaux si la lessive est complétement caustique.

Pour avoir de la soude caustique solide, voici comme on procède :

Après avoir fait une lessive à 25° et l'avoir rendue caustique, on la décante et on l'évapore à siccité dans des chaudières de la manière suivante :

A cet effet, on a ordinairement trois

chaudières en tôle de peu de profondeur et d'une grande surface, appelées pannes, disposées en gradins et chauffées par le même foyer.

La première reçoit directement la chauffe sous toute sa surface ; la flamme vient ensuite échauffer les autres, puis se perd dans la cheminée. De cette manière, lorsque les trois pannes sont remplies de lessive à 25°, on peut remplacer dans la chaudière à concentration l'évaporation par des lessives qui ont déjà gagné quelques degrés et ces dernières par des lessives déjà chaudes.

Ainsi la chaudière de dessus chauffe les solutions, celle du milieu les évapore en partie et la première les concentre à siccité.

Pendant la concentration, on enlève, au fur et à mesure qu'il se dépose et avec une écumoire, le sel qui se précipite.

On le met ensuite égoutter sur un plan incliné, ou dans des trémies doublées en plomb. On remplace l'évaporation par de nouvelles solutions, de manière que le niveau des liqueurs soit toujours le même. On continue ainsi jusqu'à ce que toutes les solutions soient concentrées à siccité.

Lorsque les lessives proviennent de la soude brute, le sel est un peu coloré et pour l'avoir très-blanc et très-sec, on l'incinère dans un four à réverbère fortement chauffé. Les fours où l'on incinère les sels de soude ont la sole entièrement recouverte d'une couche épaisse et à moitié fondue de salin même. Les aires en briques ou en pierres dures ont l'inconvénient de se détériorer rapidement sous l'influence d'une haute température.

Dans le four à réverbère le sel s'étend avec un râble en une couche de 8 à 10 centimètres d'épaisseur.

On chauffe d'abord modérément le four pour que le sel se dessèche lentement sans se fondre, puis on élève ensuite progressivement la température jusqu'au point de le faire rougir. Cette condition est essentielle pour en expulser l'eau et détruire en même temps les matières organiques qui le colorent. Pendant l'opération la masse doit être remuée avec un râble ; on multiplie ainsi les points de contact de la matière avec le calorique.

Le produit ainsi obtenu est blanc, excessivement caustique ; exposé à l'air, il en absorbe l'acide carbonique ; il est donc essentiel de le conserver dans des tonneaux bien fermés.

Les 70 p. c de chaux sont employés avec la soude raffinée de 85° à 90°; avec la soude brute on n'emploie que 30 p. c. chaux.

On peut faire ainsi des soudes caustiques avec les eaux mères provenant de la fabrication des cristaux de soude.

DESCRIPTION D'UN FOUR A RÉVERBÈRE.

Un four à réverbère se compose de trois parties distinctes :

1° La grille et le cendrier ;
2° Le laboratoire;
3° Le dôme à réverbération.

On le représente comme *fig*. 3 dans les laboratoires de chimie.

Dans l'industrie il est fait en maçonnerie et l'intérieur varie suivant la destination du four. Il y a toujours au milieu un support pour recevoir un creuset ou pour servir d'entablement.

USAGES.

Les soudes caustiques servent aux savonniers, dans les papeteries et aux blanchiments.

CHAPITRE III.

—

EAU DE JAVELLE.

L'eau de javelle est un hypochlorite de potasse, c'est un liquide blanc ou rosé, d'une densité de 1,050 ou 8° Beaumé.

Ce composé s'obtient en faisant passer un courant de chlore dans une solution froide de potasse, caustique ou carbonatée, de 8° à l'aréomètre Beaumé.

Si la solution marquait plus de 8°, il se formerait un excès de chlorate de potasse et de chlorure de potassium aux dépens de l'hypochlorite, qui est le seul produit utile qu'on se propose d'obtenir.

FABRICATION D'APRÈS PAYEN.

Ce procédé est très-simple et très-économique, surtout pour de petites opérations.

On décompose le chlorure de chaux par

la potasse ou la soude cristallisée. On prend :

Chlorure de chaux à 100°,   10 kil.

Cristaux de soude à   36°,   20 kil.

Eau,   200 kil.

On délaie le chlorure de chaux avec 50 litres d'eau ; on laisse déposer pendant quelques heures et on décante la liqueur claire ; on traite le résidu par 25 litres d'eau et on décante comme la première fois ; enfin on épuise complétement le chlorure par un troisième et dernier lavage à l'eau, et toutes les liqueurs filtrées et réunies sont mêlées avec de la dissolution chaude de carbonate de soude cristallisé, qu'on a fait dissoudre dans les 100 parties d'eau restante. Ce mélange des liqueurs donne lieu à une double décomposition ; il se forme d'une part du carbonate de chaux insoluble qui se précipite et de l'autre du chlorure de soude qui reste en dissolution dans la liqueur ; après 12 heures de repos on décante la partie claire et on la filtre.

On obtient des proportions ci-dessus, environ 180 litres eau de javelle au prix moyen de 7 centimes le litre.

Les résidus lavés avec 25 litres d'eau donnent encore une vingtaine de litres eau de javelle à faible degré.

Dans le cas où l'on veut employer la soude ou la potasse, on remplace les cristaux par leur équivalent de soude ou de potasse, soit 7 kil. de soude ou de potasse, que l'on fond alors dans 100 litres d'eau, toujours pour avoir 8°.

Dans les fabriques où l'on fait de grandes quantités d'eau de javelle, on se sert de l'appareil suivant (*fig.* 4) :

APPAREIL DE FABRICATION.

Il se compose d'une chaudière en fonte A, d'au moins 0^m54 de profondeur sur 0^m60 de diamètre, montée sur un fourneau en brique $BCDE$.

On place dans cette chaudière une tourille en grès F à deux tubulures, dont le fond repose sur deux briques. A la tubulure G on

adapte un tube en plomb H, qui passe à travers le couvercle de bois K et descend jusqu'à la partie inférieure d'une jarre en grès I,
dont la capacité est de 250 litres environ.
A la partie inférieure de la jarre est soudé
un robinet. Afin d'absorber l'excès de chlore
qui pourrait se dégager, il est convenable
d'adapter au couvercle un second tube L, qui
plonge dans un vase contenant un peu de
dissolution de potasse. L'appareil étant disposé on fait dissoudre dans 180 litres d'eau
limpide 12 kil. de potasse raffinée ; on introduit cette solution qui marque 8° Beaumé
dans la jarre I, on place les couvercles et
les tubes, puis on lute avec de l'argile délayée dans de l'eau. Par la tubulure M de la
tourille, on introduit 6 kil. de peroxyde de
manganèse réduit en poudre ; on verse par
dessus 12 kilos d'acide chlorhydrique , on
bouche de suite la tourille, on laisse le dégagement avoir lieu pendant quelques heures ;
on recouvre l'espace vide entre la tourille et
la chaudière avec des ardoises ou morceaux

de tôle sur lesquels on étend de la terre à
four délayée dans de l'eau. On procède ensuite
à la distillation ; mais il faut conduire le feu
avec précaution, ce qui est facile en se gui-
dant sur le dégagement du gaz, qui ne doit
jamais être trop rapide. L'opération dure
8 heures environ ; on reconnaît qu'elle est
terminée lorsque le tube qui part de la tourille à la jarre s'échauffe au point de ne pouvoir y tenir la main.

Une heure après la fin de l'opération, il
faut déboucher la tourille du fourneau, afin
d'éviter l'absorption qui pourrait avoir lieu.
L'eau de javelle étant préparée, on laisse reposer pendant deux jours ; il se forme alors
un dépôt de silice qui, à la faveur de l'alcali,
était tenue en dissolution dans la liqueur.

Lorsque celle-ci est reposée, on la décante pour la renfermer dans des tourilles
ou dames-jeannes.

Dans cet état elle est blanche ; si l'on veut
lui donner une teinte rosée, il faut y ajouter
du caméléon minéral que l'on prépare comme

suit : on réduit en poudre 1 kilo de manganèse d'Allemagne que l'on mêle avec 4 kilos de potasse raffinée, également en poudre.

Le mélange étant intimement fait, on l'introduit dans un creuset que l'on place dans un fourneau contenant des charbons incandescents.

Lorsque le mélange entre en fusion, on le brasse pour le rendre homogène, et on porte le creuset au rouge ; après l'avoir laissé refroidir, on le casse pour en retirer la matière que l'on a soin de renfermer dans des flacons, à l'abri du contact de l'air humide.

Lorsqu'on veut s'en servir, il faut en réduire en poudre et le dissoudre dans de l'eau de javelle ; on obtient une teinte très-foncée ; on décante ensuite le liquide surnageant pour s'en servir au besoin.

Pour colorer l'eau de javelle, on en verse jusqu'à ce qu'on ait obtenu la teinte désirée.

27

USAGES DE L'EAU DE JAVELLE.

L'eau de javelle est employée principalement pour blanchir le linge de ménage ; elle sert aussi à détacher les livres et estampes, mais l'emploi du chlore liquide doit être préféré, parce que l'eau de javelle contient quelquefois de la potasse en excès, ce qui altère souvent l'encre d'impression.

L'eau de javelle se fait avec la soude ou la potasse.

Pour la faire avec les eaux mères des cristaux de soude, on ramène celles-ci à 8° Beaumé par une addition d'eau. Cela fait, on les introduit dans une cuve doublée en plomb d'une capacité de 1,000 à 1,200 litres, et on y dégage un courant de chlore jusqu'à saturation à peu près complète de l'alcali.

ANALYSE DE L'EAU DE JAVELLE.

Voici comme on vérifie ordinairement cette eau :

1° A l'aide de l'aréomètre ;

2° En mettant dans le creux de la main

quelques gouttes de la liqueur, l'étendant avec le doigt et jugeant de sa bonté par la mousse qu'elle produit.

Ces deux méthodes sont vicieuses, principalement la première, qui ne donne que le rapport des sels étrangers et non du chlore contenu dans la solution. Quant à la seconde, l'effervescence est d'autant plus grande que la main elle-même est moins propre.

Il n'y a qu'un moyen sûr, l'emploi du chloromètre de Gay-Lussac, qui fait connaître la quantité de chlore contenue dans un chlorure liquide ou solide pour un poids ou volume déterminé. Nous l'expliquerons plus loin.

CHAPITRE IV.

—

Le chlorure de chaux liquide est d'un emploi avantageux dans les manufactures, en admettant qu'on le prépare sur les lieux mêmes de consommation.

Voici l'appareil employé (fig. 5) :

AA. Bonbonnes en grès d'une capacité de 100 litres, posées chacune dans une chaudière en fonte renfermant un bain de sable ; elles communiquent ensemble par un tube recourbé en plomb *B*, qui transmet le gaz de la première bonbonne à la seconde. Chacune de ces bonbonnes porte à sa partie supérieure un large goulot dans lequel on introduit un manchon cylindrique en grès *O*, percé de trous en tous sens et destiné à contenir du peroxyde de manganèse en fragments.

CC. Fourneau en maçonnerie muni d'un foyer à grille *D* servant à chauffer les chaudières en fonte.

EE. Bonbonnes en grès moins grandes que les premières et destinées à refroidir le chlore avant son introduction dans l'appareil de condensation.

FF. Appareil de condensation destiné à recevoir le lait de chaux qu'on veut saturer de chlore.

Il consiste en un bassin rectangulaire, ayant $1^m,00$ de large, $4^m,00$ de long et 50 centimètres de profondeur. Il est construit en briques dont on a bien cimenté les joints avec un mastic bitumineux inattaquable par le chlore. Enfin, à l'extrémité supérieure se trouve une porte que l'on ferme à volonté par un obturateur *G*.

HH. Couvercle formé de dalles en grès dur ; il porte une soupape de sûreté *I* et un entonnoir *J* qui sert à introduire le lait de chaux dans l'intérieur du bassin.

FABRICATION.

Pour commencer l'opération, on introduit dans l'appareil de condensation *FF*, un lait de chaux préparé avec 100 kil. de chaux vive et 4 à 500 litres d'eau ; on verse ce mélange par l'entonnoir *J*.

D'autre part on remplit aux 2/3 environ les bonbonnes *AA* d'acide chlorhydrique, puis on introduit par le large goulot qui est au milieu un manchon cylindrique en grès *O*, percé de trous et rempli de fragments de peroxyde de manganèse.

On ferme ensuite par un obturateur le goulot de chaque bonbonne.

Tout étant ainsi disposé, la réaction commence ; le gaz de la première bonbonne arrive, par le tube en plomb *B*, dans la deuxième et passe avec celui qui s'est produit dans ce vase dans les bonbonnes réfrigérentes *EE*, d'où il se rend au moyen de tubes de communication dans l'appareil de condensation *FF*.

Pour que l'opération se fasse régulièrement, il ne faut d'abord élever la température qu'entre 50 et 60 degrés et la maintenir dans ces limites tant que le dégagement du gaz s'opère d'une manière continue. Lorsqu'il commence à se ralentir, on favorise sa production en élevant progressivement la température jusqu'à 80 à 85 degrés.

On ne doit pas dépasser ce dernier terme ; sans cette précaution une grande partie de l'hypochlorite de chaux se transformerait en chlorate de chaux et en chlorure de calcium.

La durée moyenne de l'opération est de 18 heures ; on peut l'accélérer par l'agitation de la liqueur contenue dans l'appareil de condensation ; cette agitation, en multipliant les points de contact de la chaux avec le chlore, a aussi cet avantage d'empêcher l'échauffement de la masse et par conséquent la formation du chlorate de chaux et du chlorure de calcium.

On reconnaît la fin de l'opération, lorsque la liqueur marque de 8° à 9° Beaumé ; il est utile qu'elle contienne toujours un léger excès de chaux, car si l'on continuait à faire arriver du chlore jusqu'à saturation, on pourrait transformer l'hypochlorite de chaux en chlorate de chaux.

Ainsi, quelque temps avant que toute la chaux soit dissoute, on tire la liqueur au moyen d'un robinet en plomb placé à la partie inférieure de l'obturateur G, à niveau du sol de l'appareil de condensation. Cette liqueur filtrée ou tirée à clair est renfermée dans des tourilles en grès que l'on bouche avec soin ou dans des dames-jeannes. On obtient ainsi de 490 à 500 litres de chlorure de chaux de 8° à 9° Beaumé.

Le même appareil peut servir à préparer le chlorure de chaux solide ; il suffit de remplacer l'hydrate de chaux liquide par une couche de chaux hydratée pulvérulente d'une épaisseur de 15 à 18 centimètres. Cette chaux est introduite dans l'appareil par la partie postérieure G, fermée pendant l'opération par l'obturateur. L'appareil productif du chlore est le même dans les deux cas; la conduite de l'opération est aussi la même. Pendant toute la durée de l'opération, on remue la matière avec un rateau.

Pour reconnaître la fin de l'opération, on enlève de temps à autre un petit obturateur mobile, placé sur le couvercle de l'appareil et on plonge pendant quelques instants, dans l'atmosphère de gaz, une bande humide de papier bleu de tournesol Si la couleur se maintient, la saturation n'est pas complète; si, au contraire, la couleur vire au rouge, on a la certitude que la chaux est entièrement saturée, c'est-à-dire transformée en chlorure de chaux ou hypochlorite de chaux. L'opération est alors terminée.

Après avoir enlevé l'obturateur *G*, on retire la matière avec un râble et on l'emballe dans des tonneaux que l'on ferme exactement.

28

On obtient par 100 kil. d'hydrate de chaux, 145 kil. de chlorure de chaux.

Ordinairement 140 kil. d'hydrate donnent 200 kil. de chlorure.

Calcul du prix de revient.

Acide chlorhydrique du commerce, 2,500 kil. à 5 fr. les 100 kil.   125.00
Peroxyde de manganèse, 700 kil.
à 12 p. c. 84.00
Chaux vive, 600 kil. à 1,80 p. c.   10.80
Main-d'œuvre, 8 ouvriers à 3 fr.   24.00
Combustible, 800 kil. houille à
22 et 30 fr. 20.00
Loyer, intérêts, transport, appointements 40.00

1,000 kil. chlorure = fr. 303.80

Les 100 kil. chlorure reviennent donc à fr. 30,38.

Dans ce calcul de rendement, on doit se rappeler que la chaux vive, pour devenir hydratée, a besoin du 1/4 de son poids d'eau.

Ainsi les 600 kil. pour notre calcul deviennent 750 kil.

USAGE DES CHLORURES (CHLOROMÉTRIE).

· Ils servent pour le blanchiment des toiles, des pâtes de papier, et comme désinfectant pour assainir l'air vicié.

ANALYSE DES CHLORURES.

A cet effet, on prépare la liqueur d'épreuve que nous avons indiquée en parlant de l'indigo, page 238, mais si on voulait expliquer son origine ou s'assurer qu'elle est bien faite, voici comme on procéderait :

Un litre de chlore sec à $0^m,76$ de pression et à la température de 0°, décolore dix fois son volume de dissolution d'indigo, et on appelle degré chaque volume de dissolution de teinture d'épreuve décolorée ; ce degré est ensuite divisé en dix parties.

Pour faire cette liqueur, on fait d'abord du chlore comme suit :

On prend 3 gr. 980 de peroxyde de

manganèse cristallisé en belles aiguilles, que l'on traite par l'acide chlorhydrique ; on reçoit le chlore dans un litre de lait de chaux ; vers la fin de l'opération on fait bouillir l'acide pour chasser le chlore des vaisseaux.

Ceci étant fait, on prépare d'une part une dissolution d'une partie indigo, première qualité, réduit en poudre et dissous à l'aide d'une légère chaleur, dans neuf parties d'acide sulfurique. On étend cette liqueur d'eau de manière qu'un volume de la solution du chlore que nous avons préparé en décolore exactement dix volumes.

La liqueur d'épreuve est alors faite et doit être conservée dans un flacon noir à l'abri du contact de la lumière.

C'est le résultat de cette expérience que nous avons donné page 238.

MANIÈRE DE PRÉPARER LA DISSOLUTION D'INDIGO.

A cet effet, on prend une partie d'indigo passé au tamis de soie, que l'on met dissoudre dans neuf parties acide sulfurique concentré. On fait ensuite chauffer ce mélange dans un ballon de verre, placé au bain-marie, à la température de l'eau bouillante, pendant 6 à 8 heures, puis on étend cette liqueur de la quantité suffisante d'eau

DES DIVERS APPAREILS NÉCESSAIRES AUX ESSAIS.

Ce sont :

1° Un mortier pour pulvériser le chlorure ;

2° Une éprouvette qui jusqu'à un trait indiqué contienne un 1/2 litre ;

3° Une pipette pour mesurer la solution du chlorure, contenant 2 1/2 centimètres jusqu'à un trait marqué ;

4° Une burette servant à mesurer la liqueur d'épreuve et sur laquelle chaque division a 2 1/2 centimètres cubes jusqu'au trait marqué ;

5° Un tube gradué sur lequel est inscrit le même nombre de degrés, mais divisé de bas en haut ;

28

6° Une petite balance avec poids de
5 grammes ;

7° Une baguette de verre pour remuer
le chlorure.

MANIÈRE D'OPÉRER.

Après avoir choisi divers échantillons
dans la masse de chlorure que l'on veut
essayer, on les mélange exactement, puis
on en prend 5 grammes que l'on dissout
dans l'eau, en les broyant dans un mortier. On verse le mélange dans l'éprouvette, qui contient un demi litre; on lave
le mortier pour réunir l'eau de lavage à
la première liqueur, puis on achève de
remplir l'éprouvette jusqu'au trait avec de
l'eau.

On met ensuite la liqueur d'épreuve dans
la burette, et l'on en verse dans le verre
jusqu'à 5°, par exemple, c'est-à-dire une
quantité un peu moindre que celle que
l'on présume être décolorée par une mesure
de chlorure. Cela fait, on prend une mesure
de la dissolution du chlorure avec la pipette,

que l'on remplit jusqu'au trait ; puis on fait couler rapidement dans la liqueur d'épreuve, en agitant le mélange.

Si la liqueur est décolorée, on ajoute sans retard, de la burette, une quantité suffisante pour amener la liqueur à une teinte légèrement verdâtre.

La quantité de liqueur décolorante manquant dans la burette, donne le titre de chlorure, pourvu que la seconde portion ajoutée soit peu considérable et ne s'élève pas à 1/20 de degré. Mais si cette seconde portion de teinture versée dans le chlorure dépasse 3/10 de degré, il faut recommencer l'opération. A cet effet, on remplit de nouveau la burette de liqueur et l'on en verse dans le verre une quantité égale à celle qui a été décolorée dans l'essai précédent, et même quelques centièmes de plus. On achève l'opération comme il a été dit plus haut.

L'essai a atteint son plus grand degré de précision lorsqu'en y versant le chlorure, la liqueur prend immédiatement la teinte convenable, sans qu'il soit nécessaire d'ajouter de la liqueur de la burette.

Dans ces opérations successives on ne peut guère répondre de l'exactitude du résultat qu'à 1/50 près.

On applique aussi cet essai à une dissolution de chlore dans l'eau; mais il vaut mieux y mettre un peu de chaux avant.

L'eau de javelle s'essaie de la même manière.

Le tube simple qu'on emploie est destiné à verser brusquement la teinture dans le chlorure.

Quand on atteint le terme avec la burette, on remplit le tube jusqu'à la division correspondante.

Supposons 10 grammes chlorure de chaux. On les dissout dans un litre d'eau. Le nombre de degrés d'indigo détruit par un volume de la dissolution du chlorure indiquera le nombre de dixièmes de litre de chlorure qu'elle contient; par conséquent 1 kil. de chlorure de chaux dont le titre aurait été déterminé par exemple, de 7°6 ou 76/100, contiendrait 76 litres chlore.

Chaque degré vaut donc 10 litres par kilogramme de chlorure et chaque dixième 1 litre. En supposant le chlorure de chaux parfaitement pur et formé de :

$$
\begin{aligned}
2 \text{ portions chaux} &= 2 \times 33{,}603 = & 71{.}206 \\
2 \quad \text{id.} \quad \text{d'eau} &= 2 \times 11{,}243 = & 22{.}487 \\
1 \quad \text{id.} \quad \text{de chlore} &= & 44{.}265 \\
\hline
& & 137{.}9588
\end{aligned}
$$

il contiendra par kilogramme 100 litres 21 de chlore.

Celui du commerce contient par kilo :

Chlorure de chaux	365.2
Chlorure de calcium	185.0
Chaux non combinée	280.5
Eau	169.3
	1000.0

dont le titre n'est que de 36°59.

Lorsqu'on dissout le chlorure de chaux dans l'eau, la moitié de la chaux combinée avec le chlorure se sépare, de sorte que la dissolution contient une portion de chaux et de chlore, ce qui forme alors une chlorure neutre, d'où il résulte que le sous-bichlorure de chaux ne peut exister qu'à l'état solide

On obtient, en général, une plus grande précision avec une dissolution faible de chlorure marquant 4° à 5° qu'avec une dissolution concentrée.

Si donc on trouve après un essai que le titre de chlorure dépasse de beaucoup 10°, on ajoute à la dissolution 2 litres d'eau ; on en fait ensuite l'essai et on en triple le nombre de degrés trouvés.

Il faut, pour essayer, verser rapidement la dissolution de chlorure dans l'indigo, ou celui-ci dans celle du chlore.

Ces divers essais doivent nécessairement présenter différentes anomalies ; aussi la dissolution du chlorure, suivant qu'elle est plus ou moins étendue, varie-t-elle dans son action

décolorante sur celle de l'indigo, d'où il suit
qu'en opérant toujours dans les mêmes con-
ditions, le chloromètre ne peut donner que
des approximations dans les divers titres
des chlorures.

CHAPITRE V.

—

DU CHLORE, SES PROPRIÉTÉS.

Le chlore, à la température ordinaire et sous la pression atmosphérique, est un gaz jaune verdâtre.

Son odeur est suffocante, sa saveur est astringente; il est impropre à la respiration et à la combustion.

Si on le respire, même en petite quantité, il provoque une toux violente et même quelquefois un crachement de sang.

Sa densité est de 2.44, le poids d'un litre 3 gr. 2; son équivalent est 443 (2 vol. gaz) Il n'est jamais libre dans la nature; il se combine à presque tous les corps, se dissout dans l'eau; mais cette solubilité varie avec la température; elle est à son maximum vers 80° centigrades.

Alors 1 vol. d'eau dissout 3 vol. 04 de chlore. Cette solution a les propriétés du

chlore gazeux ; si on l'expose à une température de 2° au-dessus de zéro, elle donne
des cristaux lamellaires d'une couleur jaune
pâle, que l'on peut séparer de la liqueur qui
les surnage.

Ces cristaux sont un hydrate de chlore
formé par 28 p. c. de chlore et 72 p. c. d'eau.
On conserve cette solution dans des flacons
noirs.

USAGES.

Il sert au blanchiment ; il a une grande
affinité pour l'hydrogène et décolore toutes
les matières colorantes végétales ; il n'agit
pas sur les encres de Chine et d'imprimerie,
parce qu'elles renferment du carbone sur
lequel le chlore est sans action.

Il sert aussi à l'assainissement, par son
action sur les gaz méphitiques hydrogénés.

Avec l'oxygène il forme plusieurs composés acides, dont trois nous intéressent :

1° Acide hypochloreux ;

2° Acide chlorique ;

3° Acide perchlorique.

29

L'acide hypochloreux a une densité de 2,9 ; combiné à la potasse, à la soude ou à la chaux ; il décolore et désinfecte.

Chlorure de potasse : eau de javelle.

Chlorure de soude : liqueur de Labarraque.

Chlorure de chaux : désinfectant.

L'acide chlorique, liquide incolore qui sert à reconnaître les composés du potassium, le chlorate de potasse étant peu soluble.

L'acide perchlorique ou hyperchlorique étant encore moins soluble que le chlorate de potasse sert de réactif pour rechercher la potasse.

Avec l'hydrogène le chlore forme l'acide chlorhydrique ou hydrochlorique, appelé dans le commerce *esprit de sel* ou *acide muriatique*.

Cet acide est un gaz incolore, irritant, impropre à la respiration et à la combustion ; sa densité est de 1,247, son équivalent 97 ; il renferme 26 p. c. de chlore. Il répand à l'air humide d'épaisses vapeurs blanches.

L'eau en dissout 480 fois son volume ou les 3/4 de son poids. Cette solution est très-acide ; sa densité est de 1,2109, son équivalent 42 ; contient 43 p. c. d'acide chlorhydrique.

Elle est incolore, mais dans le commerce elle est colorée en jaune par le perchlorure de fer. Exposée à l'air la solution concentrée d'acide hydrochlorique perd du gaz, répand des fumées et forme un nouvel hydrate qui n'a plus que 25 p. c. d'acide chlorhydrique, qui bout à 106° et perd encore du gaz acide chlorhydrique ; il ne bout alors qu'à 110° et distille un hydrate fixe de 1,094 de densité et ne renfermant plus que 18 p. c. d'acide chlorhydrique.

L'acide chlorhydrique décompose et noircit les matières organiques. Comme le chlore, il précipite les sels d'argent en blanc. Ce dernier caractère, joint à ses propriétés acides, sert à le reconnaître.

Dans l'industrie, cet acide est le produit indirect de la transformation du sel marin en sulfate de soude Il sert aussi à former l'*eau-régale* qui dissout l'or, le platine, et transforme les métaux en perchlorures.

CHLOROMÉTRIE D'APRÈS GAY-LUSSAC.

Nous l'avons exposée pour rechercher la pureté des chlorures.

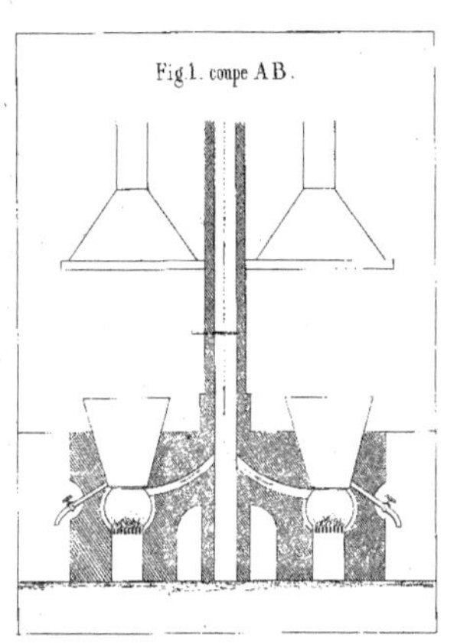

Fig.1. coupe A B.

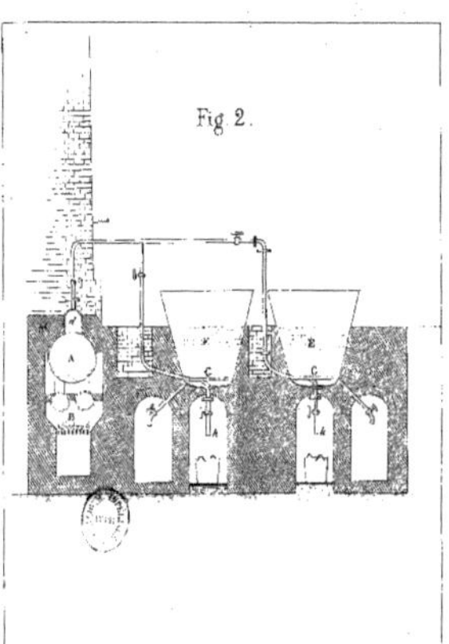

Fig 2.

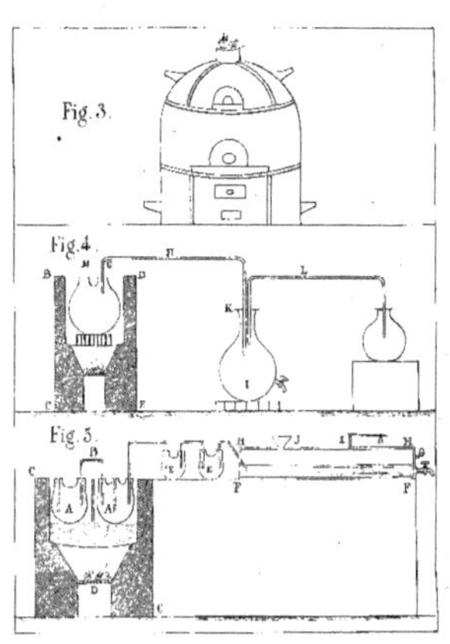

Fig. 3.

Fig. 4.

Fig. 5.

* 9 7 8 2 0 1 9 1 3 5 0 2 7 *